Conserve!
Enhance!
Charr and
Salmon
in Japan

守る・増やす
渓流魚

水産総合研究
センター
叢書

渓流域管理体制構築事業放流マニュアル作成検討委員会　監修

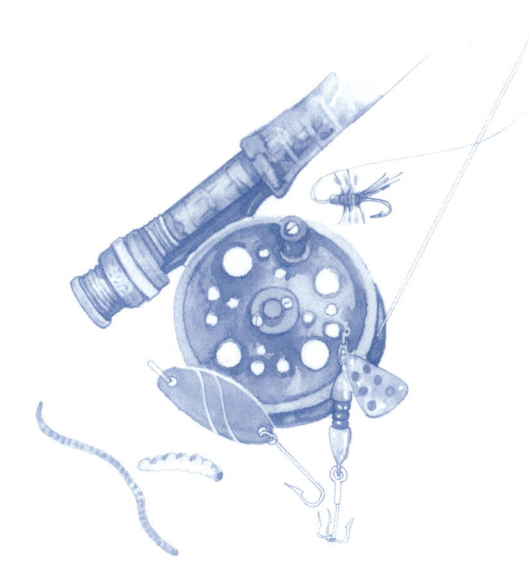

中村智幸
飯田　遥　編著

イワナとヤマメの
保全
増殖
釣り場作り

農文協

渓流魚は 日本の川の貴重な自然資源

イワナ、ヤマメ・アマゴは日本在来のサケ科魚類で、おもに川の上流に生息しています。そこには夏でも水温が20℃を下回るような清冽な水が流れています。中でもイワナは源流部や支流（枝沢）に、ヤマメ・アマゴは上流部や里川に生息しています。しかし、渓流魚を取り巻く状況は決してよくなく、残念ながら、その数は減少しています。

イワナが生息する源流部

1 源流部
イワナが棲む山奥の渓谷。河床の勾配が急で、大きな石がごろごろしている。周囲にクマやシカなども棲む。

2 支流（枝沢）
支流にもイワナは生息する。本流に棲む魚が産卵のために支流に遡上することもある。

3 イワナ
川の最も上流に生息する魚。幻の魚ともいわれる。

イワナとヤマメ・アマゴが混生する上流部

4 上流部
人里の少し奥の川。源流部に比べて流量が増え、河床勾配は緩やかになる。イワナとヤマメ・アマゴが混生している場合が多い。

ヤマメ・アマゴが生息する里川

5 里川
まわりに田んぼや人家のある川。おもにヤマメ・アマゴが生息する。

6 ヤマメ（佐藤成史氏提供）
その美しさから渓流の女王や宝石と呼ばれる。

渓流魚の種類

イワナには、アメマス、ニッコウイワナ、ヤマトイワナ、ゴギの4つの亜種があり、ヤマメにはヤマメとアマゴの2つの亜種があります。渓流魚の遺伝子は川ごとに異なっているので、生息数を増やすだけでなく、川ごとに固有の天然魚（原種、地付きの魚）を守っていくことが大切です。むやみな放流は交雑を招き、天然魚の生存を危うくする一因となっています。

イワナの仲間

7　アメマス（長谷川　功氏提供）
北海道、東北地方に生息。背中や体の横に大きな白い斑点がある。

8　ニッコウイワナ
東北、関東、北陸地方に生息。白い斑点だけでなく、体の横に黄色や橙色の斑点がある

9　ヤマトイワナ（坪井潤一氏提供）
中部、近畿地方に生息。白い斑点はなく、体の横に濃い橙色や赤色の斑点がある。

10　ゴギ（森田健太郎氏提供）
山陰地方に生息。白い斑点が背中だけでなく頭の上にもあり、体の横に白や黄、橙色の斑点がある。

ヤマメの仲間

11　ヤマメ
北海道、東北、関東、北陸、山陰、九州北部地方に生息。背中や体の横に大きな黒い斑点があり、体の横に小判型模様（パー・マーク）がある。

12　アマゴ
東海、近畿、四国地方に生息。ヤマメに似ているが、体の横に赤い斑点がある。

スモルト、交雑魚

13　ヤマメのスモルト（銀毛）（今井　智氏提供）
サケ科の魚には一生を河川で過ごす「河川型」と海に降って生活する「降海型」がある。降海しようとする魚は「スモルト」と呼ばれ、体色が銀色になる。

14　イワナとヤマメの交雑魚（森田健太郎氏提供）
手前がヤマメに似ているが、背中にサバのような斑紋がある交雑魚。奥はイワナ。

多様化する 渓流釣りの方法と釣り人のニーズ

渓流釣りの方法には、日本にもともとある餌釣りとテンカラ釣り、外来のルアー釣り（ルアーフィッシング）とフライ釣り（フライフィッシング）があります。餌釣りは生き餌を使う最も一般的な釣り方です。疑似餌を使うルアー釣りやフライ釣り、テンカラ釣りの釣り人が増えています。疑似餌釣りの人の中には、釣った数よりも天然魚や姿かたちのきれいな「ひれピン」の魚を求めたり、釣り上げた魚を放す「キャッチ・アンド・リリース」の人も増えています。このようなニーズに応えながら、渓流魚を守り・増やすための新しい方策が求められています。

15 餌釣り
ミミズやイクラ、ブドウ虫などを餌にして釣る。釣れやすく、幅広い年齢層に人気のある一般的な釣り方。たくさん釣りたいという釣り人が多い。

16 ルアー釣り（佐藤成史氏提供）
若者を中心に人気のある釣り方。金属や木で作られた疑似餌を使う。

17 フライ釣り（佐藤成史氏提供）
若者を中心に人気のある西洋式の毛バリ釣り。ルアー釣りとともに、キャッチ・アンド・リリース派の人が多い。

18 テンカラ釣り（佐藤成史氏提供）
玄人（くろうと）好みの、和式の毛バリ釣り。釣り人の指向性は、餌釣りよりルアー釣り、フライ釣りに近い。

19 子供が餌釣りで釣ったヤマメ
このような小さな魚でも、子供にはうれしい。

渓流魚が 減少する原因と対策

渓流魚の減少原因には、堰堤やダム、林道の建設、森林の伐採などによる生息環境の悪化や、釣りすぎなどがあります。その一方で、堰堤やダムによって下流に放流された魚が遡上できなくなった川では、源流部や支流の上流に天然魚が生息している可能性があります。それぞれの川で、減少原因や天然魚の生息状況を把握し、適切な対策を講じましょう。

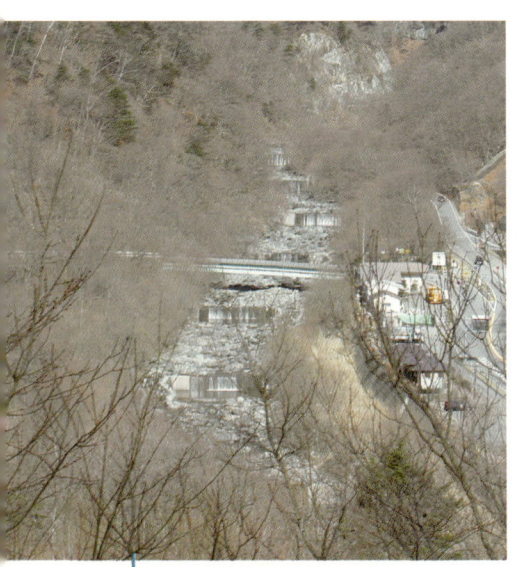

20 砂防・治山堰堤や林道の建設
堰堤は、工事期間中の濁り水や堰堤上流の河床上昇、堰堤下流の河床低下、魚の移動阻害などを引き起こす。魚道の設置や人工産卵場の造成、堰堤上流に閉じ込められた天然魚の保全対策が必要。

21 大型ダムの建設や取水
大型ダムの建設が川や魚に与える影響は大きい。また、ダムで取水され、水の減った川が多い。放水して下流の流量を増やしたり、ダムの下流に人工産卵河川を造成するなどの対策がある。

22 釣りによる乱獲（徳原哲也氏提供）
釣りが魚を減らす影響も大きい。釣りの制限の徹底や、放流、人工産卵場の造成などが必要。

23 森林の伐採（坪井潤一氏提供）
森林の伐採は、川への土砂流入や木陰がなくなることによる水温上昇、魚の餌となる昆虫類の供給量減少を引き起こす。雑木林の保全や植林などが必要。

生息状況や釣り人のニーズに応じた渓流のゾーニング管理

「ここは天然魚を守る場所」、「ここは放流によって魚を増やす場所」、「ここはキャッチ・アンド・リリース区にして、たくさんの釣り人に来てもらう場所」というように、渓流魚の生息状況や釣り人のニーズに応じて川を区分して、それぞれのゾーンごとに渓流魚を守り増やす、それがゾーニング管理です。ゾーンによって、釣りの制限や増殖方法が違います。

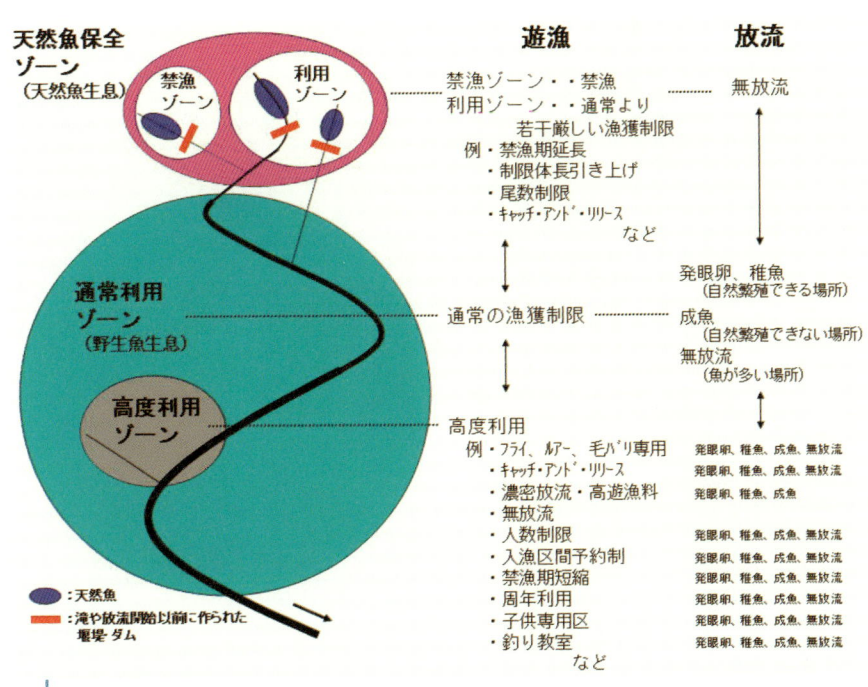

天然魚保全ゾーン（天然魚生息）
- 禁漁ゾーン
- 利用ゾーン

通常利用ゾーン（野生魚生息）

高度利用ゾーン

凡例：
- ●：天然魚
- ━：滝や放流開始以前に作られた堰堤・ダム

遊漁
- 禁漁ゾーン・・禁漁
- 利用ゾーン・・通常より若干厳しい漁獲制限
  - 例・禁漁期延長
  - ・制限体長引き上げ
  - ・尾数制限
  - ・キャッチ・アンド・リリース　など
- 通常の漁獲制限
- 高度利用
  - 例・フライ、ルアー、毛バリ専用
  - ・キャッチ・アンド・リリース
  - ・濃密放流・高遊漁料
  - ・無放流
  - ・人数制限
  - ・入漁区間予約制
  - ・禁漁期短縮
  - ・周年利用
  - ・子供専用区
  - ・釣り教室　など

放流
- 無放流
- 発眼卵、稚魚（自然繁殖できる場所）
- 成魚（自然繁殖できない場所）
- 無放流（魚が多い場所）
- 発眼卵、稚魚、成魚、無放流
- 発眼卵、稚魚、成魚
- 発眼卵、稚魚、成魚、無放流
- 発眼卵、稚魚、成魚、無放流
- 発眼卵、稚魚、成魚、無放流
- 発眼卵、稚魚、成魚、無放流
- 発眼卵、稚魚、成魚、無放流

24 ゾーニング管理の模式図

25 天然魚の自然産卵場を守るために設けられた禁漁区の看板

26 キャッチ・アンド・リリース区の看板

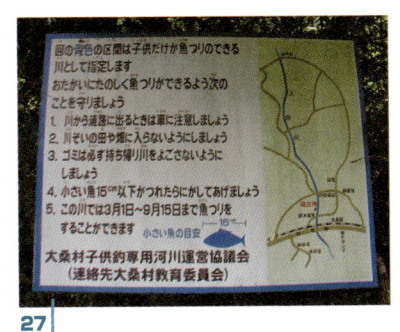

27 子供たちが川や渓流魚に親しめるように設けられた子供専用区の看板

効果的な放流方法

「天然魚が生息する場所では放流しない」「自然繁殖しているが、釣られすぎて魚が減った場所では発眼卵放流や稚魚放流を行なう」「生息環境が悪化して自然繁殖を望めない場所や、たくさんの人に釣りを楽しんでもらいたい場所では成魚放流を行なう」など、魚の生息状況や釣り人のニーズに応じて放流方法を選択することが大切です。むやみな放流は非効率になるばかりか、天然魚を消失してしまう原因になります。

A 天然魚（原種）が生息する山奥の川
⇒無放流　人工産卵場の造成など、放流以外の増殖方法を実施

B 自然繁殖しているが、釣られ過ぎて魚が減ってきてしまった川
⇒発眼卵放流、稚魚放流、成魚放流

C 生息環境が悪化して、自然繁殖が望めない川
⇒成魚放流

E 短期間に多くの釣り人に集まってもらって楽しんでもらう場合
⇒成魚放流

D 家族連れの釣り人が多い川、町の近くの川
⇒成魚放流

28 川や魚の状況に応じた放流方法

29 イワナの発眼卵
自然繁殖がみられる川で、自然の産卵床と同様の場所（8ページ参照）に放流する。

30 渓流魚の稚魚（左がイワナ、右がヤマメ）
稚魚がみられる川で、浮き石状態で石がたくさん転がっている瀬の岸寄りに放流する。

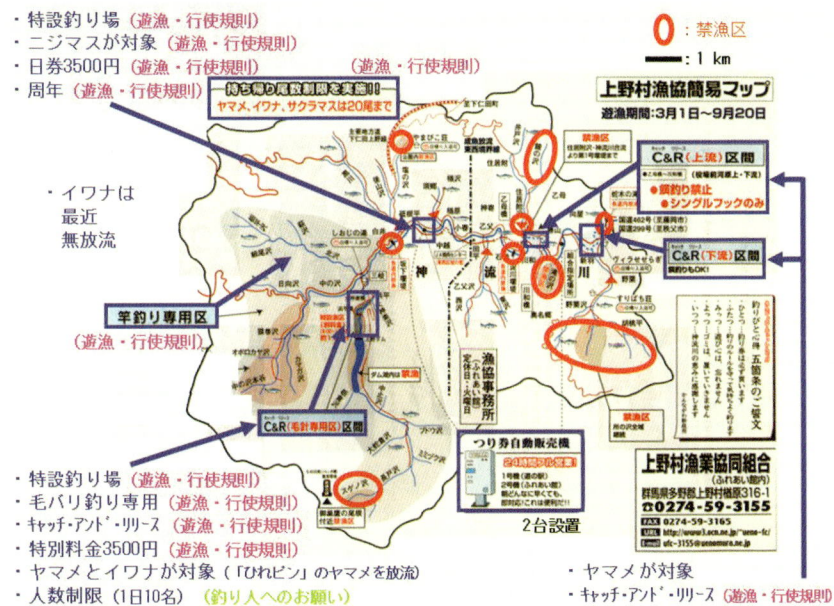

ゾーニング管理の先駆例

- 特設釣り場（遊漁・行使規則）
- ニジマスが対象（遊漁・行使規則）
- 日券3500円（遊漁・行使規則）
- 周年（遊漁・行使規則）

持ち帰り尾数制限を実施!!
ヤマメ、イワナ、サクラマスは20尾まで（遊漁・行使規則）

・イワナは最近無放流

竿釣り専用区（遊漁・行使規則）

C&R（毛針専用区）区間

- 特設釣り場（遊漁・行使規則）
- 毛バリ釣り専用（遊漁・行使規則）
- キャッチ・アンド・リリース（遊漁・行使規則）
- 特別料金3500円（遊漁・行使規則）
- ヤマメとイワナが対象（「ひれピン」のヤマメを放流）
- 人数制限（1日10名）（釣り人へのお願い）
- 予約制（釣り人へのお願い）
- 入漁区間も予約制（計7区、13時以降は自由）（釣り人へのお願い）

○：禁漁区
1 km

上野村漁協簡易マップ
遊漁期間：3月1日～9月20日

禁漁区

C&R（上流）区間
●餌釣り禁止
●シングルフックのみ

C&R（下流）区間
●餌釣りもOK!

上野漁業協同組合
群馬県多野郡上野村楢原316-1
TEL 0274-59-3155
FAX 0274-59-3165

- ヤマメが対象
- キャッチ・アンド・リリース（遊漁・行使規則）
- 日券2000円（通常の漁場と同じ）
- 「ひれピン」のヤマメを放流

31｜上野村漁協（群馬県）のゾーニング管理
禁漁区、キャッチ・アンド・リリース区、キャッチ・アンド・リリースの毛バリ釣り専用区、冬季のニジマス釣り場などを設けており、釣り人から高い評価を受けている。

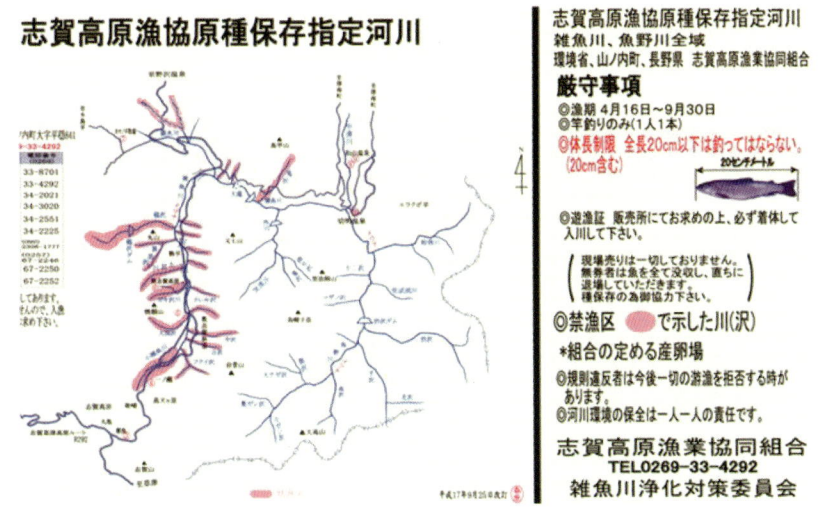

志賀高原漁協原種保存指定河川

雑魚川、魚野川全域
環境省、山ノ内町、長野県 志賀高原漁業協同組合

厳守事項
◎漁期 4月16日～9月30日
◎竿釣りのみ（1人1本）
◎体長制限 全長20cm以下は釣ってはならない。（20cm含む）

◎遊漁証 販売所にてお求めの上、必ず着用して入川して下さい。

現場売りは一切しておりません。無事故は魚を全て没収し、直ちに退場していただきます。種保存の為御協力下さい。

◎禁漁区 ■で示した川（沢）
＊組合の定める産卵場
◎規則違反者は今後一切の遊漁を拒否する時があります。
◎河川環境の保全は一人一人の責任です。

志賀高原漁業協同組合
TEL 0269-33-4292
雑魚川浄化対策委員会

32｜志賀高原漁協（長野県）のゾーニング管理
放流をまったく行なわず、解禁期間の短縮、多くの支流の禁漁化、制限体長の引き上げ、産卵場の保護・造成などの方策でイワナの高い密度の生息を実現しており、釣り人の人気が高い。

自然の産卵床と人工産卵場

一般にヤマメ・アマゴは9～11月、イワナは10～11月に産卵します。産卵場所はともに、水深が20～30cm、流速が毎秒5～30cmで、川底が砂利の淵尻や瀬です。イワナは淵や瀬の脇の物陰でも産卵します。メスが体を横に倒して川底を尾ビレで何度も叩いてくぼみを掘り、そこにオスもすべり込んで産卵します。産卵床は不自然な楕円形のくぼみになるので、よく観察すると判別できます。産み付けられた卵は12～1月に発眼・1～3月にふ化し、2～5月に産卵床から稚魚が泳ぎ出します。自然繁殖しているかどうかは、産卵床や稚魚の有無でわかります。

◆自然産卵床

33 ヤマメの自然産卵床
淵尻の「かけあがり」に4カ所形成（丸で囲った部分が産卵床。矢印は流れの方向）。

34 ヤマメの自然産卵床
平瀬に1カ所形成。

35 イワナの自然産卵床
支流（枝沢）の淵の物陰（石の脇）に1カ所形成。

◆人工産卵場の造成

自然繁殖を促すために、自然の産卵床の環境条件（水深、流速、底質など）を模して人工産卵場を造成しましょう。流れ幅が1～3mの小渓流に手作業で造成します。人工産卵場の造成は魚の増殖だけでなく、釣り人や一般市民、子供たちと一緒に行なうことによって、環境教育の場にもなります。

36 自然の渓流に造成した人工産卵場
平瀬の川底を少し掘り、下流に大きな石を横に並べて礫止めとし、その上流に礫を敷いて作る（丸で囲った部分が人工産卵場。矢印は流れの方向）。

37 人工産卵河川に造成した人工産卵場

38 自然の渓流に造成した人工産卵場
（礫止めに丸太を使用）

はじめに

　日本在来の淡水性サケ・マス類であるイワナ、ヤマメ・アマゴは、渓流釣りや食用の重要な資源です。渓流釣りは、川での心休まるひとときや、おいしい魚を私たちに提供してくれます。また、これら渓流魚は国民のだれもが大切に思う貴重な自然資源でもあります。山奥のきれいな川に、宝石のような美しい魚が生息していることに多くの人たちが安堵感を憶えます。しかし、渓流魚を取り巻く状況は決してよくありません。

　残念ながら、渓流魚の数は減少しています。そのため思ったほど釣れず、多くの釣り人が不満を抱いています。また、川や魚に対する釣り人の価値観や釣り方が多様化し、そのようなニーズに魚や釣り場の管理者である漁業協同組合（漁協）が十分に対応できていないという問題もあります。釣り人の数が減ってきたために遊漁料収入が減少し、漁協の経営が苦しくなっているということもあります。生息環境の悪化や種苗放流のため、それぞれの川ごとに遺伝子が固有の天然魚（「原種」、「地付きの魚」、「在来個体群」と呼ばれる魚たち）が少なくなっているということもあります。私たちはこのようなさまざまな問題を解決するためにこの本を作りました。

　この本は、天然魚を守りながら釣りのための資源を増やして釣り人に喜んでもらい、あわせて漁協の経営を安定させる方策を考えることを最重要課題としています。渓流魚を対象とした漁業は生業（家計を成り立たせるための産業）としてはもうないといってよいでしょう。しかし、渓流釣りの人気は依然として高いのです。渓流を遊漁（レクレーションやレジャーとしての釣り）の場として利用し楽しめるようにする

ために、漁協と釣り人が一緒になってできることをこの本の中で考えていきたいと思います。

　わかりやすさを追求した結果、文章で言い表わせなかった点がたくさんあります。また、渓流魚や渓流釣りの実態は川ごとにかなり異なるため、一般化できないことも多くあります。不明な点については、編者（中村、飯田）や都道府県の水産試験場などにお問い合わせください。

　この本を出版するにあたり、水産庁、都道府県庁および水産試験場など、市町村役場、漁業協同組合連合会（漁連）、漁協、釣り団体、養魚場、釣り人他、多くの方々のお世話になりました。編集を担当してくださった農文協編集局にも大変お世話になりました。これらの方々に厚く御礼を申し上げます。

　なお、この本は平成15（2003）～19（2007）年度に実施された、水産庁増殖推進部栽培養殖課「健全な内水面生態系復元等推進事業　渓流域管理体制構築事業」の成果物である『渓流魚の放流マニュアル』、『渓流漁場のゾーニング管理マニュアル』、『渓流魚の放流マニュアル・渓流漁場のゾーニング管理マニュアル資料編』の冊子をもとに作成されました。

　渓流魚と渓流釣りに関わる多くの方々にぜひ読んでいただきたいと思います。この本が渓流魚の保全、増殖、釣りの振興に貢献できることを願ってやみません。

　平成21年2月

編著者　中村智幸

飯田　遥

目次

■ 口絵

渓流魚は日本の川の貴重な自然資源—1
渓流魚の種類—2
多様化する渓流釣りの方法と釣り人のニーズ—3
渓流魚が減少する原因と対策—4
生息状況や釣り人のニーズに応じた渓流のゾーニング管理—5
効果的な放流方法—6
ゾーニング管理の先駆例—7
自然の産卵床と人工産卵場—8

はじめに………9

第1部 渓流魚と渓流釣りの現状と課題　15

1章 釣りを楽しみながら渓流魚を増やす——16

1- 人気の高い渓流釣り［桐生　透］……………………………16
2- 壊されつつある渓流の環境［丸山　隆］……………………17
3- 消えゆく天然魚［中村智幸］…………………………………18
4- 渓流釣りの方法［中村智幸］…………………………………19
5- 多様化する渓流釣りのニーズ［坪井潤一・久保田仁志・沢田守伸］……21

2章 知っておきたい渓流魚の生態——24

1- 渓流魚とは［加藤憲司］………………………………………24
2- 呼び方［加藤憲司］……………………………………………28
3- イワナ、ヤマメ、アマゴの見分け方［中村智幸］…………29
4- 生息分布と棲み場所の環境［中村智幸］……………………30
5- 渓流魚の一生［中村智幸］……………………………………31
6- なわばりと序列［中村智幸］…………………………………33
7- 生態と釣りの関係［加藤憲司］………………………………34
8- 外来魚との競合、天敵［中村智幸］…………………………34

3章 漁協の役割と釣り人の義務 ——— 35

1 - 漁協とは、釣り人とは ［飯田　遥］ ……………………………… 35
2 - 漁協に課せられた増殖義務 ［飯田　遥］ ……………………… 36
3 - 漁業法に基づく増殖とは ［飯田　遥］ ………………………… 36
4 - 増殖義務と漁場管理 ［中村智幸］ ……………………………… 37
5 - 増殖と内水面漁場管理委員会 ［飯田　遥］ …………………… 38
6 - 釣り（遊漁）のルール ［中村智幸］ …………………………… 38
7 - 漁協の経営と遊漁料、漁業権行使料、賦課金 ［飯田　遥］ … 39

第2部　渓流魚を守り、楽しい釣り場を作る新しい方策　41

1章 渓流魚の増殖方法 ——— 42

1 - 放流 ［中村智幸］ ………………………………………………… 42
2 - 採捕の制限 ［久下敏宏］ ………………………………………… 43
3 - 生息環境の保全・改善 ［久下敏宏］ …………………………… 44
4 - キャッチ・アンド・リリース ［中村智幸］ …………………… 46

2章 渓流釣り場のゾーニング管理 ——— 47

1 - ゾーニング管理とは ［中村智幸］ ……………………………… 47
2 - 天然魚の生息場所の推定方法 ［中村智幸］ …………………… 49
3 - ゾーン別の管理方法 ［中村智幸］ ……………………………… 51
4 - ゾーニング管理における放流方法 ［中村智幸］ ……………… 54
5 - ゾーニング管理を始める手順 ［中村智幸］ …………………… 55
6 - 釣り場の監視方法 ［小原昌和］ ………………………………… 56

3章 釣り場作りの工夫 ——— 59

1 - 親子で釣りを楽しんでもらう方法 ［中村智幸］ ……………… 59

- 2 - 遊漁券の販売方法［佐藤成史］……………………………………………60
- 3 - 駐車場やトイレの整備［徳原哲也］…………………………………61
- 4 - 漁協の取り組みを宣伝する方法［中村智幸］………………………63

④章　効果的な放流方法 — 64

- 1 - 放流の現状［木本圭輔］……………………………………………………64
- 2 - 放流の長所と短所［加地弘一］………………………………………65
- 3 - 放流用の魚の選び方［桑田知宣］……………………………………66
- 4 - 発眼卵放流の方法［武居　薫］………………………………………66
- 5 - 稚魚放流の方法［武居　薫］…………………………………………71
- 6 - 成魚放流の方法［武居　薫］…………………………………………73
- 7 - イベント用の成魚放流の方法［徳原哲也］…………………………74
- 8 - 稚魚の放流数や放流量の求め方［飯田　遥］………………………75
- 9 - 川や魚の状況に応じた放流方法［中村智幸］………………………77

⑤章　人工産卵場の作り方 — 78

- 1 - 造成方法［中村智幸・土居隆秀］……………………………………78
- 2 - 造成の留意点［中村智幸］……………………………………………83
- 3 - 人工産卵河川［中村智幸］……………………………………………84

⑥章　渓流魚の調査方法 — 86

- 1 - 魚の生息数［中村智幸］………………………………………………86
- 2 - 釣り人の数［中村智幸］………………………………………………88
- 3 - 漁獲量［中村智幸］……………………………………………………88
- 4 - 育ち具合（成長）［中村智幸］…………………………………………88
- 5 - 放流効果［中村智幸］…………………………………………………89
- 6 - 自然産卵［中村智幸］…………………………………………………89

⑦章　天然魚の絶滅を回避する方法 — 91

- 1 - 漁獲制限法［中村智幸］………………………………………………91

13

2 - 持ち上げ法 ［中村智幸］ ………………………………………………92
   3 - 移動促進法 ［中村智幸］ ………………………………………………92
   4 - 個体群間移植法 ［中村智幸］ …………………………………………93
   5 - 絶滅水域移植法 ［中村智幸］ …………………………………………94
   6 - メタ個体群構造復元法 ［中村智幸］ …………………………………94

8章　漁協と釣り人、地域の連携 ────── 96

   1 - 漁協と釣り人の連携　［中村智幸］ …………………………………96
   2 - 釣り人だけでできること　［中村智幸］ ……………………………98
   3 - 漁協と養殖業者の連携 ［小堀彰彦］ ………………………………101
   4 - 漁協と地域の連携 ［玉置泰司］ ……………………………………102

9章　釣り場作りの先駆事例 ────── 104

   1 - ゾーニング管理で活気のある渓流 ［中村智幸］ …………………104
   2 - 高度利用により釣り人に人気のある釣り場 ［中村智幸］ ………111
   3 - 自然繁殖の促進による増殖の取り組み ［中村智幸］ ……………119
   4 - ユニークな漁場管理 ［中村智幸］ …………………………………121
   5 - 実際に行なわれている増殖方法と漁場管理方法 ［中村智幸］ …123

資料

   1 - 渓流釣りに関係する法律、規則 ［中村智幸］ ……………………124
   2 - 規則などの違反者への罰則、対応の方法 ［大浜秀規］ …………126
   3 - 増殖義務の注意事項 ［飯田　遥］ …………………………………127
   4 - 内水面漁業調整規則における解禁期間、制限体長 ［中村智幸］ ………128

第1部

渓流魚と渓流釣りの現状と課題

第1部 渓流魚と渓流釣りの現状と課題　1章

釣りを楽しみながら渓流魚を増やす

1 - 人気の高い渓流釣り

　農林水産省の統計資料（漁業センサス）によると、平成15（2003）年の全国の川や湖の釣り人の数は延べ958万人であり、最近大きく減少しています（図1）。そのうち最も人数の多いアユ釣りの人口は339万人と、ピーク時（平成5年）に比べて49％も減少しています。

　一方、イワナ、ヤマメ・アマゴなどのマス類の釣り人口は179万人であり、ピーク時（平成5年）の242万人に比べて26％の減少にとどまっています。川や湖の漁業は漁獲量からみても全体として衰退しています（図2）が、渓流釣りの人気は依然として高いといえます。

　しかし近年、渓流魚を取り巻く状況は決してよくありません。堰堤やダムの建設・林道の開発・森林の伐採などによる生息環境の悪化や、釣り人による乱獲などにより、渓流魚の数は著しく少なくなっています。

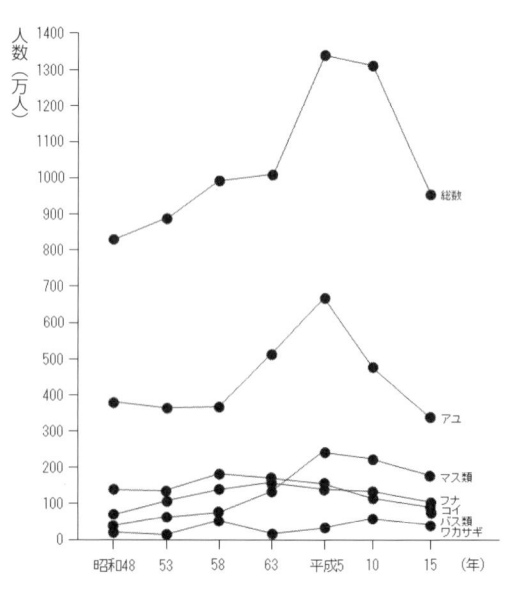

図1　川や湖の釣り人口の変化

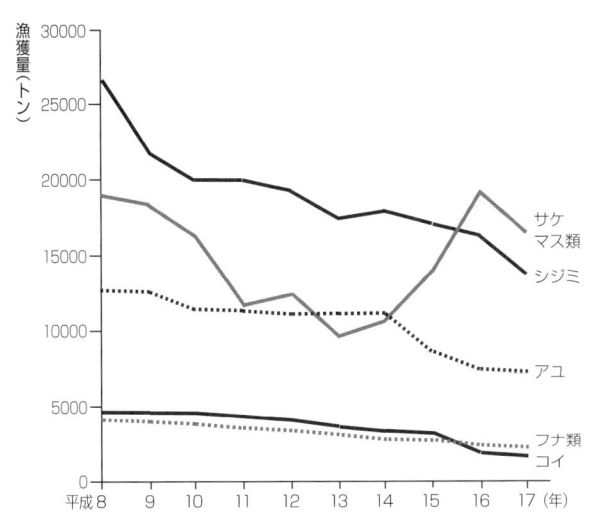

図2　川や湖における漁獲量の変化
(「農林水産省統計部．2007．平成17年漁業・養殖業生産統計年報」より。サケマス類にはイワナ、ヤマメ・アマゴだけでなく、サケやカラフトマス、サクラマスが含まれる)

写真1　堰堤が連続する渓流

2- 壊されつつある渓流の環境

　ダムや用水路に水を取られて流量が極端に減った川や、両岸や川底をコンクリートで固められた川では、渓流魚は思うように自然繁殖できません(写真1、口絵20、21)。しかし、ダムや護岸がなくて、一見豊かな自然に恵まれているように見える川でも、すでに自然繁殖ができない状態に陥っていることが意外に多いのです。

　水源の山で木が大量に伐採されると、大雨や雪解けの時に山から川に流れ込む土砂の量は著しく増えます(口絵23)。そのために、谷底は土砂で埋まり、渓流魚が好きな深い淵や隠れ場となる岩陰はなくなります。このような川は、増水時には川全体が激流となり、日照りが続けば流れがやせ細るので、魚は棲みにくくなります。川底が土砂で埋まると、渓流魚の餌となる水生昆虫の数も減ります。

　特に注意が必要なのは、地質が軟弱であったり、川岸の斜面が急な川です。渓畔林をごく狭い範囲で伐採したり、川沿いに道路を建設したりするだけで大量の土砂が流入し、甚大な被害を引き起こします。

　森林伐採後の山崩れを防ぐ対策として植林は有効な方法です。しかし、

急斜面に厚く積もった土砂の崩壊を防ぐには、スギやヒノキなどの針葉樹は不向きなので広葉樹を植えるべきです。針葉樹は、表土が厚い場所では根が山の岩盤まで届かず、大雪や強風で倒れやすいので頼りになりません。また、間伐や枝打ちの不十分な針葉樹林では保水力が低下して雨水の大半が地表を流れるので、土砂が流されやすいのです。

　谷底が土砂で埋まって土石流災害の危険が増すと、砂防堰堤や治山堰堤が建設されます。これらのダムは渓流魚の遡上を妨げるので、ダムの下流に流された渓流魚は元の場所に戻れなくなり、自然繁殖はさらに難しくなります。このように、伐採や工事が頻繁に行なわれる川では、渓流魚の自然繁殖は期待できません。

　しかし、人間の影響が小さい川では、伐採跡地に森林が回復し、渓流魚の自然繁殖が復活した例もいくつかあります。雨による増水のあとに濁りが早くおさまるかどうか、それがその川が渓流魚の自然繁殖可能かどうかを判定する「めやす」のひとつになります。

3- 消えゆく天然魚

　これまで漁協や釣り人の間では、「魚だったら、天然魚でも、野生魚でも、放流魚でも、なんでもいい」という雰囲気が強かったといえます。しかし、最近では希少になった天然魚を守ろうという気運が高まっています。

　この本では、天然魚を「それぞれの川に昔から生息していて、遺伝子がそれぞれの川固有の魚」と定義します（表1）。「原種」や「地付きの魚」と呼ばれる魚たちのことです。学術的には、「在来個体群」や「在来集団」といいます。放流された養殖魚と今まで一度も交配していない魚です。

　一方、放流された魚と交配して、遺伝子はそれぞれの川固有ではありませんが、自然繁殖している魚を「野生魚」といいます。放流されてから時間が経って、川になじんだ魚も「野生魚」という場合があります。放流されてすぐの魚を「放流魚」、養魚場で飼われている魚を「養殖魚」といい

表1　魚の系統の定義

名　称	定　　義
天然魚	遺伝子がそれぞれの川固有であり、自然繁殖している魚
野生魚	遺伝子はそれぞれの川固有でないが、自然繁殖している魚
放流魚	放流された養殖魚
養殖魚	養魚場で飼われている魚

ます。

　生息環境の悪化や系統のわからない養殖魚の放流、釣りによる乱獲などの影響で天然魚は減少しています。ではなぜ天然魚を守らなくてはいけないのでしょうか？　天然魚を守る理由として次のことが考えられます。

①それぞれの川に昔からいた天然魚は、それぞれの川の環境に適応しており、他の川の魚よりもそれぞれの川で生き残る能力が高いので、資源として永続的に利用できる。
②養殖用の新しい品種を作る時に、いろいろな遺伝子や性質を持った魚が必要である。
③天然魚を釣りたいという釣り人のニーズが高まっている。
④天然魚は、その地域や日本列島、地球の成り立ちを教えてくれる「生き証人」であり、学術的に貴重である。
⑤私たちのまわりの川に昔から生息していた天然魚に、「ふるさとの一員」として、これからもずっといて欲しい。

　いずれの理由もとても大切です。特に⑤の「ふるさとの一員」という価値については、だれも異論はないでしょう。

4- 渓流釣りの方法

　渓流釣りには、おもに餌釣り、ルアー釣り、フライ釣り（西洋式毛バリ釣り）、テンカラ釣り（和式毛バリ釣り）という方法があります（図3、表2、口絵15〜18）。餌釣りとテンカラ釣りは古くから日本で行なわれてきた釣り方です。一方、ルアー釣りとフライ釣りは海外から持ち込まれた釣り方です。

　餌釣りでは竿に糸を結び、その糸の先にハリを付けます。一般に、ハリを思ったところに投げ込みやすくしたり水中に沈めるため、ハリの数十cmくらい上のところにオモリを付けます。また、糸やハリの位置がわかるように、糸に目印を付けます。餌として、川虫（水生昆虫の幼虫）やミミズ、イクラ、ブドウ虫（蛾の幼虫）などを使います。餌釣りは渓流釣りの中で最も一般的な釣り方で、子供から大人まで幅広い人気があります。本物の餌を使うため、他の釣り方に比べて魚は釣れやすいといえます。

　ルアー釣りではリールの付いた竿を使います。リールから出た糸の先に、

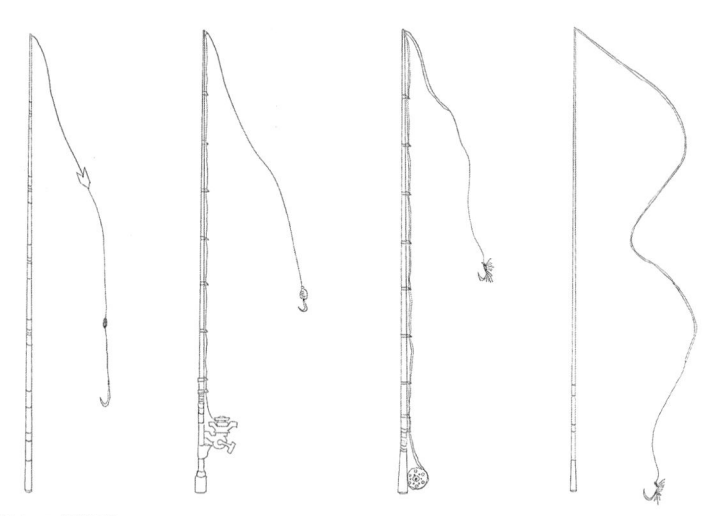

図3　釣りの仕掛け
左から、餌釣り、ルアー釣り、フライ釣り、テンカラ釣り

スピナーやスプーン、プラグと呼ばれる金属や木でできたルアー（疑似餌）を付けて水中を引き、魚を誘って釣ります。ルアー釣りは若者や子供に人気のある釣り方ですが、そのような人が大人やお年寄りになるなどして、今では幅広い年齢層に人気があります。また、ルアーを使うため、ミミズのような生きた餌をハリに付けるのが苦手な女性でもこの釣りはできるので、女性の愛好者も多いようです。餌が本物の生き物でないため、一般に餌釣りに比べて釣れる魚の数は多くありません。しかし、ルアーを小魚と思って追いかけてくる大物が釣れます。

　フライ釣りでもリールの付いた竿を使います。ルアー釣り用のリールにはギアが入っていて、リールをひと巻きするとそれ以上の糸が巻き取られます。それに対して、フライ釣り用のリールには一般にギアがなく、ひと巻きでひと巻き分の糸が巻き取られます。つまり、フライ釣り用のリールは糸の「格納庫」の役割を果たしているのです。糸の先にドライフライ（水面上に浮くタイプ）、ウェットフライ（沈むタイプ）、ストリーマー（沈むタイプで、水中を引いて釣る）と呼ばれる毛バリを付けるのですが、毛バリ自体は軽いためなかなか遠くに飛ばせません。そこで、フライ釣りでは餌釣りやルアー釣りに比べて太い糸を使います。そして、糸の重さと竿の「しなり」で毛バリを飛ばします。日本の渓流のように川のすぐ近くまで林が迫っているような川でフライ釣りをすると、ハリや糸が木に絡んでし

表 2　釣り方別の特徴（おおまかで相対的な整理）

釣り方	餌	釣れ具合	年齢層	難易度	その他
餌釣り	生き餌	多い	全般	簡単	
ルアー釣り	疑似餌（ルアー）	少ない	子供から壮年者	難しい	欧米発祥
フライ釣り	疑似餌（毛バリ）	少ない	若者から壮年者	難しい	欧米発祥
テンカラ釣り	疑似餌（毛バリ）	少ない	若者から高齢者	難しい	

まいます。また、毛バリという疑似餌を使うため、餌釣りよりも釣るのが難しいのです。しかし、そのような難しさを経験や技術で克服して魚を釣り上げるのが、この釣り方の醍醐味のひとつです。ルアー釣りと同様に、生きた餌を使わないので、女性にも人気があります。

テンカラ釣りはリールを使わない和式の毛バリ釣りです。一般に餌釣りよりも短めの竿に、竿より長い糸を付けて釣ります。フライ釣りと同じように軽い毛バリを遠くに飛ばすため、重みのある糸を使います。糸を数本撚って太くしたものを竿先に付け、その下に上の部分より本数を減らして撚った糸を結んでいきます。そして、最後に1本の糸を結んでその先に毛バリを付けます。糸として昔は馬の尾の毛（馬素、バス）を使いましたが、今ではナイロンなどの糸を使います。

5- 多様化する渓流釣りのニーズ

渓流釣りの人たちのニーズやスタイルの主流は、以前は
「たくさん釣りたい」
「釣った魚を食べる」
でした。しかし、最近はこのような考え方だけでなく、
「自然の豊かな川で釣りたい」
「数は少なくてもいいから、きれいな魚を釣りたい」
「その川にもともといる天然魚を釣りたい」
「キャッチ・アンド・リリースで釣りたい」
「他の釣り人にじゃまされずに、のんびり釣りたい」
というように多様化してきました。釣った魚を持ち帰らずに川に戻すキャッチ・アンド・リリース区や、フライ釣りの専用区なども全国的に多くなっています。

釣った魚を持ち帰る人（持ち帰り派）と放す人（キャッチ・アンド・リリース派、C&R派）のニーズを整理すると、次のようになります。

①持ち帰り派のニーズ

　釣りには、人が食料を得るために発案された技術という一面があります（写真2）。そのため、「できるだけたくさん釣りたい」、「釣った魚を持ち帰りたい」という願望は当然のことといえます。また、釣れた魚の数や大きさは技術の高さ、つまり「釣りの腕前」を示すバロメーターにもなります。自分の腕前の「証拠品」として持ち帰るという人も多いのです。

写真2　釣った魚を食べる

　一般に、持ち帰り派はキャッチ・アンド・リリース派に比べて魚の質や釣り場の環境についてあまり意識しないと思われがちです。しかし、関心がないわけではありません。許容範囲が広いだけで、質の高い魚や環境を求めていることに変わりありません。

　今後、高齢化社会、人口減少社会において、いかに釣り人に来てもらうかは漁協にとって重要な課題です。今まで渓流釣りをしたことのない人たちに釣りを好きになってもらう必要があります。せっかく友達に誘われて釣りに行っても、釣れなかったのでは釣りの魅力を知らずに帰ることになってしまいます。たくさん釣れて魚を持ち帰れる川は渓流釣りの入り口として大切です。

②キャッチ・アンド・リリース派のニーズ

　近年、キャッチ・アンド・リリースする釣り人が増えてきました。平成17（2005）年に栃木県水産試験場が渓流釣りの人を対象に行なったアンケート調査では、魚がそれほど多くない川であっても釣った魚を持ち帰りたいという人（持ち帰り派）が46.5％、持ち帰らなくてもよいという人（キャッチ・アンド・リリース派）が53.5％と、ほぼ半々でした。

　また、渓流では昭和55年頃（1980年代）からルアー釣りやフライ釣りを楽しむ釣り人が増加してきました。先ほどのアンケート調査の結果、ある川を訪れた釣り人のうち、44％がルアー釣りやフライ釣りの釣り人でした。約半数の釣り人がルアー釣りやフライ釣りをしているのです。

　ルアー釣りやフライ釣りでは、餌釣りに比べて「釣って食べる」という

より、キャッチ・アンド・リリース派、つまり「釣りを楽しみ、魚は放す」という人が多いという傾向があります。食べないという点では、スポーツ性が高いといってもよいでしょう。渓流魚の生息数はそれほど多くありません。そのため、その川でまた魚を釣りたいのでリリースするということもあります。

先ほどのアンケート調査から、多くの釣り人が「天然魚」や「きれいな魚」、「野性味の強い魚」を釣りたいと望んでいることもわかりました。スポーツ性が追求されるルアー釣りやフライ釣りでは、「たくさん釣れる」ことよりも、「思い出に残る1匹を釣る」ことに重きがおかれるのです。

このような多様なニーズを持った釣り人たちが同じ場所で一緒に釣りをすると、どうしても不満が出てきます。不満を持った釣り人はその川から離れていきます。釣り人が減れば遊漁料収入が減少し、漁協の経営が悪化します。

今後の漁協の役目のひとつとして、社会貢献があります。釣りは数多くの国民が楽しむレクリエーションです。釣り人に喜ばれる釣り場作りもこれから大切です。そのためには、漁協の組合員はもちろん、釣り人一人ひとりも釣り場の環境や魚に対する理解を深める必要があります。これからは、それぞれの川の特色をよく理解した、地域に合った釣り場作りが望まれます。

新しいスタイルの釣り場が成立するためには、ルールという問題もあります。例えば、キャッチ・アンド・リリースは新しい釣りのスタイルとして定着しつつあり、学術的にも資源保護の効果が実証されています。しかし、ていねいにリリースしないと魚が傷付いたり、死んでしまいます（写真3）。

釣り方やルールの多様化・細分化が進むほど、釣り人に求められる意識や技術のレベルもおのずから高くなるのです。

写真3　キャッチ・アンド・リリースで死亡したイワナ
　　　（坪井潤一氏提供）

第1部 渓流魚と渓流釣りの現状と課題 2章
知っておきたい渓流魚の生態

1- 渓流魚とは

　日本の渓流には、ウナギ科、サケ科、コイ科、ドジョウ科、カジカ科などに属する多くの魚類が生息しています。ウナギ科ではウナギ、コイ科ではウグイ、ドジョウ科ではアジメドジョウ、カジカ科ではカジカなどが渓流に生息しています。

　この本では渓流魚をサケ科魚類に限定します。サケ科魚類というのは、いわゆるサケ・マス類を含むグループで、日本にはイワナやヤマメ・アマゴ、オショロコマなどの在来種と、ニジマスやカワマス（ブルックトラウト）、ブラウントラウトなどの外来種が生息しています。ニジマスとカワマスは北アメリカ原産、ブラウントラウトはヨーロッパ原産です。

　これらのサケ・マス類は、背ビレと尾ビレの間に脂ビレと呼ばれる小さなヒレを持ち（写真4）、ウロコが細かくて側線上に100枚以上あること、本来は北半球の冷水域に分布すること、などの特徴を持っています。

写真4　脂ビレと側線（魚はヤマメ）

　多くのサケ科魚類には、一生を河川で過ごす「河川型」と、海に降って生活する「降海型」があります。海の代わりに湖で生活する「湖沼型」もあります。例えば、ヤマメはサクラマスの河川型であり、アマゴはサツキマスの河川型です。イワナにも河川型、降海型、湖沼型の3タイプがあります。一般に北の地方へ行くほど降海型の出現率は高くなります。この本

科名	属名	標準和名	学名
サケ科	サケ属 Oncorhynchus	サクラマス・ヤマメ サツキマス・アマゴ スチールヘッドトラウト・ニジマス*	Oncorhynchus masou masou O. m. ishikawae O. mykiss
	タイセイヨウサケ属 Salmo	シートラウト・ブラウントラウト*	Salmo trutta
	イトウ属 Hucho	イトウ	Hucho perryi
	イワナ属 Salvelinus	アメマス ニッコウイワナ ヤマトイワナ ゴギ オショロコマ ミヤベイワナ カワマス（ブルックトラウト）*	Salvelinus leucomaenis leucomaenis S. l. pluvius S. l. japonicus S. l. imbrius S. malma krascheninnikovi S. m. miyabei S. fontinalis

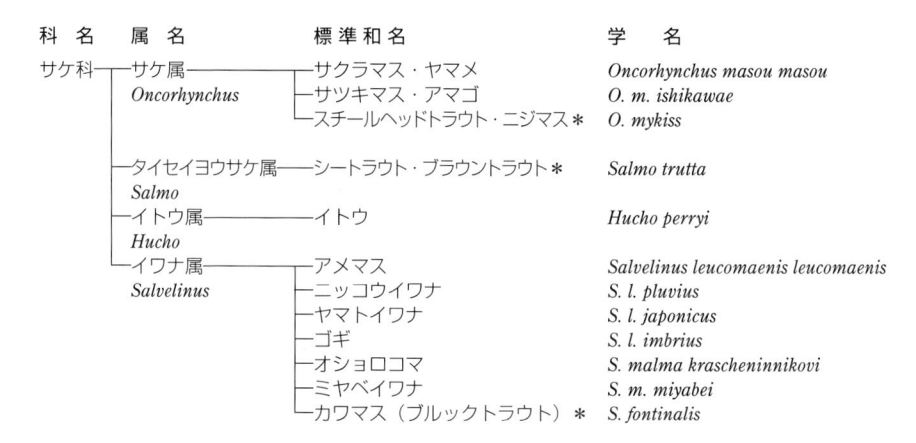

図4　日本の渓流に生息するサケ科魚類
（＊印は外来種。標準和名が2つあるものは、前者が降海型、後者が河川型）

は渓流に生息するタイプ、つまり河川型を対象にしています。

現在、日本の渓流に生息するおもなサケ科魚類をリストアップすると図4のようになります。この中に出てくる「科」、「属」、「種」という言葉は、生物を分類する単位の名称です。「種」というのは生物を分類する基本的な単位で、オショロコマ、イワナ、ヤマメ、ニジマスというのは、いずれも「種」に与えられた名前です。このうちのオショロコマとイワナは類縁関係が近いので、イワナ属にまとめられ、同じく類縁関係の近いヤマメとニジマスはサケ属に分類されます。そしてこれらの4種はいずれもサケ科に属します。つまり、「属」は「種」をとりまとめたものであり、「科」は「属」をとりまとめた分類の単位ということになります。そして、これらの分類単位は「上科」、「亜種」など、さらに細分される場合があります。ちなみにヤマメとアマゴは亜種の関係にあります。日本の渓流に生息するおもなサケ科魚類の見分け方を図5に示します。

イワナとヤマメが一緒に生息する川では、まれに両者の自然雑種が生まれることがあります。このような雑種は、全体的にはヤマメのような体色ですが、背中にサバのような虫食い状の斑

写真5　イワナとヤマメの交雑魚
（手前。奥はイワナ。森田健太郎氏提供）

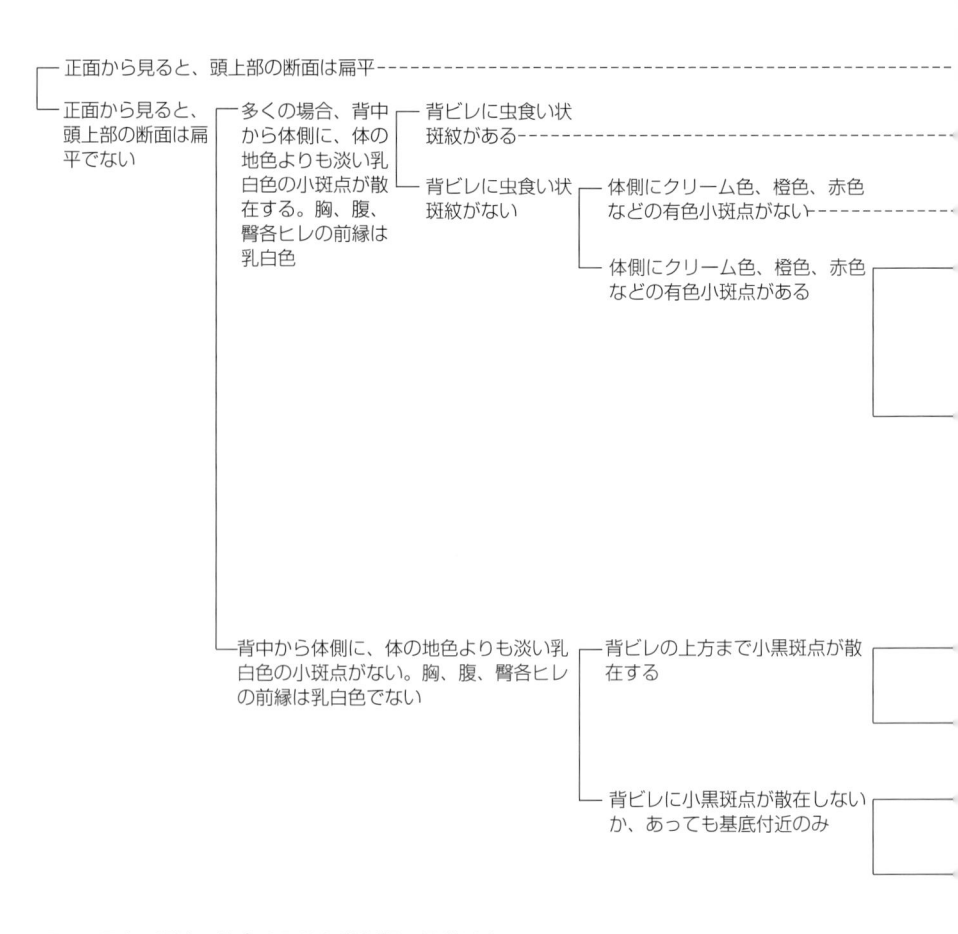

```
┌─ 正面から見ると、頭上部の断面は扁平 ─────────────────────────
├─ 正面から見ると、  ┌─ 多くの場合、背中  ┌─ 背ビレに虫食い状
│  頭上部の断面は扁  │  から体側に、体の  │  斑紋がある ──────────────────
│  平でない        │  地色よりも淡い乳  │
│                │  白色の小斑点が散  ├─ 背ビレに虫食い状  ┌─ 体側にクリーム色、橙色、赤色
│                │  在する。胸、腹、  │  斑紋がない      │  などの有色小斑点がない ──────
│                │  臀各ヒレの前縁は              │
│                │  乳白色                       └─ 体側にクリーム色、橙色、赤色
│                │                                 などの有色小斑点がある
│                │
│                │
│                └─ 背中から体側に、体の地色よりも淡い乳  ┌─ 背ビレの上方まで小黒斑点が散
│                   白色の小斑点がない。胸、腹、臀各ヒレ  │  在する
│                   の前縁は乳白色でない              │
│                                                  └─ 背ビレに小黒斑点が散在しない
│                                                     か、あっても基底付近のみ
```

図5　日本の渓流に生息するサケ科魚類の見分け方

紋を持つのが特徴です（写真5、口絵14）。

　ヤマメとアマゴの分布の境界付近では、ヤマメともアマゴともつかない魚の釣れることがあります。例えば、長野県の千曲川上流はヤマメの分布域ですが、アマゴにあるような朱点が側線上にのみ点在する個体が時々みられます。このような現象は、古くから地元の住民によって小規模に行なわれてきたヤマメ域へのアマゴの放流、あるいはこの逆の場合の放流の影響があるのかもしれません。

　ヤマメやアマゴの分布域では、体側の小判型斑点や小黒斑点をまったく持たない無斑型魚が生息することも知られています。この無斑型魚は昭和36（1961）年に大分県のアマゴの生息域で発見され、新種の「イワメ」（写

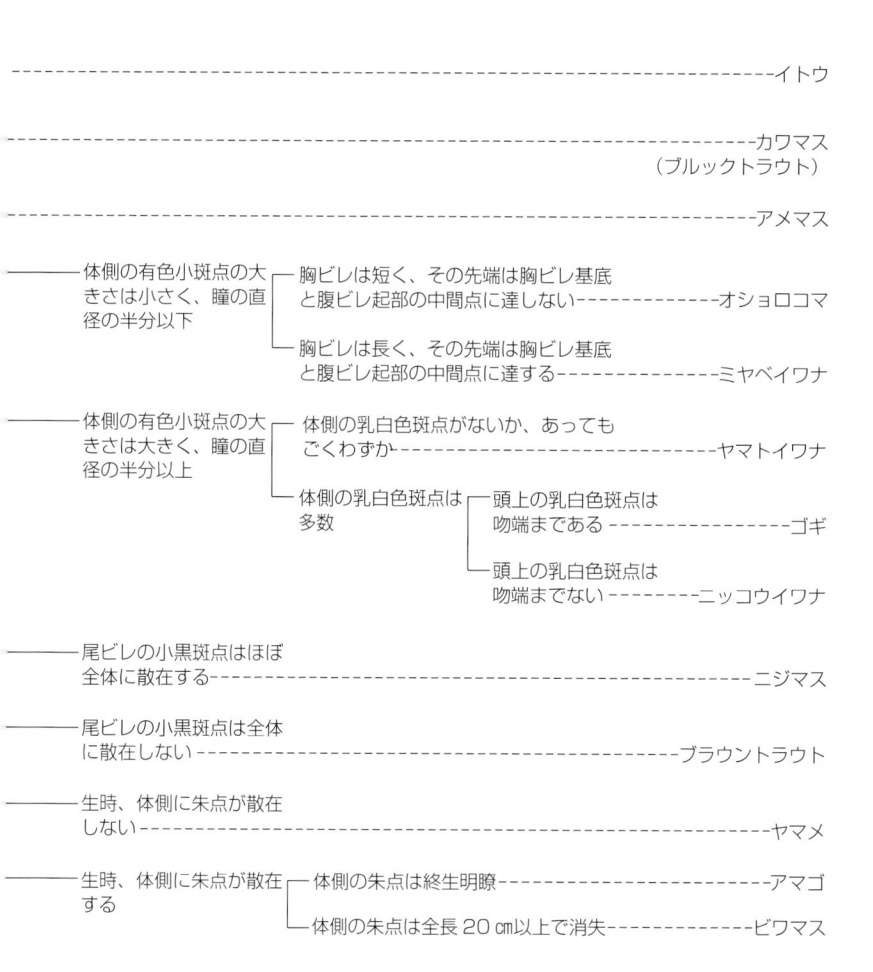

```
────────────────────────────────────────────────イトウ

────────────────────────────────────────カワマス
                                        (ブルックトラウト)

────────────────────────────────────────アメマス

──── 体側の有色小斑点の大   ┌─ 胸ビレは短く、その先端は胸ビレ基底
     きさは小さく、瞳の直   │  と腹ビレ起部の中間点に達しない ──────── オショロコマ
     径の半分以下         │
                        └─ 胸ビレは長く、その先端は胸ビレ基底
                           と腹ビレ起部の中間点に達する ────────── ミヤベイワナ

──── 体側の有色小斑点の大   ┌─ 体側の乳白色斑点がないか、あっても
     きさは大きく、瞳の直   │  ごくわずか ──────────────────── ヤマトイワナ
     径の半分以上         │
                        └─ 体側の乳白色斑点は ┌─ 頭上の乳白色斑点は
                           多数              │  吻端まである ─────────── ゴギ
                                            │
                                            └─ 頭上の乳白色斑点は
                                               吻端までない ──────── ニッコウイワナ

──── 尾ビレの小黒斑点はほぼ
     全体に散在する ──────────────────────────────── ニジマス

──── 尾ビレの小黒斑点は全体
     に散在しない ─────────────────────────────── ブラウントラウト

──── 生時、体側に朱点が散在
     しない ────────────────────────────────── ヤマメ

──── 生時、体側に朱点が散在 ┌─ 体側の朱点は終生明瞭 ──────────────── アマゴ
     する                │
                        └─ 体側の朱点は全長20cm以上で消失 ────── ビワマス
```

真6）と名前が付けられまし
たが、今ではアマゴの無斑型
魚とされています。こうした
無斑型魚の採集地は複数知ら
れており、アマゴだけでなく
ヤマメの分布域でも採集され
ています。

写真6　イワメ（木本圭輔氏提供）

2- 呼び方

　魚類図鑑を開いてヤマメの項を調べてみると、次のように書かれています。

　「ヤマメ *Oncorhynchus masou masou* 。東京付近で"ヤマメ"、東北や北海道で"ヤマベ"、栃木県で"ヤモ"、九州で"エノハ"などと呼ぶ」

　一番最初にある"ヤマメ"という名前は「標準和名」と呼ばれるもので、いわば日本語の標準語に相当します。日本国内における共通名といってよいでしょう。

　次にローマ字で書かれているのが「学名」で、これはラテン語の文法に従って綴られています。ヤマメの場合、学名は３つの部分に分かれており、はじめの *Oncorhynchus*（オンコリンクス）を「属名」、真ん中の *masou*（マソウ）を「種小名」、最後の *masou*（マソウ）を「亜種小名」と呼びます。学名は国際的な共通名で、イタリック（斜字）体で表記されます。

　ヤマメの場合、英語では「マス・サーモン」、ロシア語で「シーマ」などの呼び名があります。国際会議などの場合、同じ魚を各国の呼び名で覚えなければならないのでは不便でしようがありません。そこで各国の学者は、世界共通名としての学名を使うことによって、お互いの話を理解しているのです。そのあとにある「ヤマベ」、「ヤモ」、「エノハ」などは「地方名」と呼ばれるものです。ヤマメには地方によってさまざまな名前があります。標準和名を標準語とすれば、地方名は方言に相当するものといえるでしょう。

　次にアマゴの項を引くと、「アマゴ *Oncorhynchus masou ishikawae* 。長野で"アメ"、四国で"アメゴ"、山陽で"ヒラメ"、九州で"エノハ"などと呼ぶ」となっており、ヤマメとは属名、種小名までが同じで亜種小名が異なるので、この両者が別の亜種として分けられていることがわかります。ヤマメとアマゴは大変によく似ています。そのためでしょう、地方名をみると、ヤマメがアマゴと呼ばれたり、その逆の場合もあります。また、九州ではどちらも「エノハ」と呼ばれるなど、両者の混同されている様子がよくわかります。

　日本在来のイワナの仲間は「オショロコマ」と「イワナ」の２種です。オショロコマには「ミヤベイワナ」、イワナには「アメマス」、「ニッコウイワナ」、「ヤマトイワナ」、「ゴギ」という亜種があります（以下、本書で

はこれら4亜種を一括して「イワナ」と記す）。そして、イワナでは、「イモナ」（滋賀）、「キリクチ」（紀伊半島）、「タンブリ」（鳥取，兵庫）などの地方名が知られています。

なお、オショロコマとミヤベイワナについて、この本では個別に触れません。保全や増殖、釣り場作りの方法はイワナに準じた扱いにします。

3-イワナ、ヤマメ、アマゴの見分け方

イワナには体の横に白や黄、橙や赤い斑点があります（写真7、口絵3）。それに対して、ヤマメには背中から体の横にかけて黒い斑点があり、体の横に小判型の模様があります（写真8、口絵6、11）。小判型の模様はパー・マーク（幼魚紋）と呼ばれ、イワナにもありますが、ヤマメのほうがはっきりしています。

アマゴはヤマメと外見はそっくりですが、体の横に赤い斑点があることで見分けがつきます（写真9、口絵12）。

体型をみると、イワナはヤマメ・アマゴに比べて細長くて棒のようです。

イワナの4つの亜種の形態的な特徴は次のとおりです。アメマスには背中や体の横に大きな白い斑点があります（写真10、口絵7）。ニッコウイワナにも白い斑点がありますが、その径はアメマスに比べて小さく、その他に体の横に黄色や橙色の斑点があります（写真11、口絵8）。ヤマトイワナには白い斑点がなく、体の横に濃い橙や赤い斑点があります（写真12、口絵9）。ゴギには背中だけでなく頭の上にも白い斑点があり、体の横に白や黄、橙色の斑点があります（写真13、口絵10）。

イワナ、ヤマメ・アマゴのいずれについても、天然魚、野生魚、放流魚がいます（18〜19ページ参照）。しかし、残念ながらどの種でも、それ

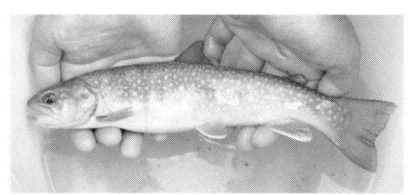

写真7 イワナ

写真8 ヤマメ

写真9 アマゴ

写真10　アメマス（長谷川　功氏提供)

写真11　ニッコウイワナ

写真12　ヤマトイワナ（坪井潤一氏提供)

写真13　ゴギ（森田健太郎氏提供)

それの川に生息している魚が天然魚なのか、野生魚なのか、放流魚なのか見分けることはとても難しいのです。最近、ようやくイワナについて遺伝子解析による判別技術が開発されつつあります。

4- 生息分布と棲み場所の環境

　日本ではイワナは北海道と本州に生息しています（図6）。ヤマメは北海道から東北、関東、北陸、山陰地方と九州北部、アマゴは東海、近畿、山陽、四国地方にそれぞれ生息しています（図7）。
　イワナを亜種レベルでみると、アメマスは北海道と東北地方、ニッコウイワナは東北、関東、北陸地方、ヤマトイワナは中部地方と近畿地方、ゴギは山陰地方にそれぞれ生息しています（図6）。
　このように、ヤマメとアマゴは分布を違えて生息し、イワナの4つの亜種もそれぞれ違った地域に生息しています。
　しかし、近年、このような種や亜種の分布を無視した放流がさかんに行なわれたため、本来の分布のパターンがわかりにくくなりつつあります。アマゴが北海道にいるという事態も起きています。
　イワナ、ヤマメ・アマゴは冷水性の魚のため、温度が低くてきれいな水でないと生息できません。一般に渓流に生息しますが、湖や沼でもみられます。ただし、水温が低くて水質が良ければ、海に近い場所でも生息できます。東北地方や北海道では河口近くにも棲んでいます。
　イワナとヤマメ・アマゴが生息している川では、上流にイワナの単独域、

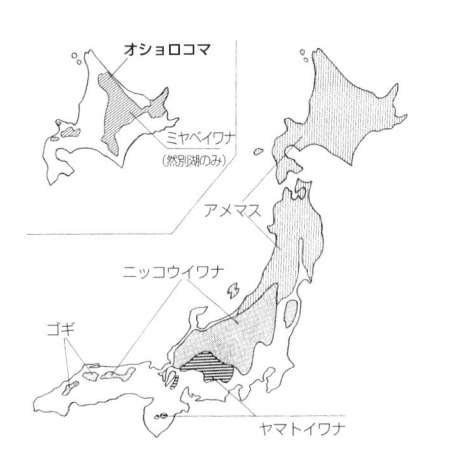

図6 イワナの分布
(「山本 聡.1991.イワナその生態と釣り.釣り人社」より。一部改変)

図7 ヤマメ・アマゴの分布
(「松原弘至.1982.ヤマメ・アマゴの人為的攪乱.淡水魚増刊 ヤマメ・アマゴ特集.淡水魚保護協会」より。一部改変)

下流にヤマメやアマゴの単独域があり、その間に両種が混生している場所があります。

　ヤマメやアマゴが単独で生息している場合、ヤマメ・アマゴはイワナに比べて低水温や急な河床勾配に適応していないので、イワナほど上流まで生息することはできません。ただし、最上流部まで水温がそれほど低くなく、河床勾配が急でなければ生息できます。

　生息に適した水温は、イワナではおよそ20℃以下、ヤマメ・アマゴではおよそ22℃以下です。ちなみに、日本におけるイワナの生息分布の上限は富山県黒部川の標高2,300 m付近です。

5- 渓流魚の一生

【産卵】

　産卵期は秋で、ヤマメ・アマゴでは9～11月頃、イワナでは10～11月頃です。産卵期はそれぞれの地域の紅葉の時期とほぼ一致しており、紅葉の始まりとともにヤマメ・アマゴの産卵が始まり、紅葉のピークの頃にイワナの産卵が始まります。

　産卵期になると、体色が赤あるいは黒っぽくなるという婚姻色が出たり、オスの場合下アゴがしゃくれる、いわゆる第二次性徴が表れます。オスでは放精すると、そのような色から黄褐色に変わることがあります。

イワナ、ヤマメ・アマゴともに、水深がおよそ20～30cm、流速がおよそ毎秒5～30cmで、川底が砂利の淵尻や瀬で産卵します（口絵33～35）。メスが体を横に倒して川底を尾ビレで何度も叩いてくぼみを掘り、そこでオスと一緒に産卵します。この時、オスは精子を出します。卵が産み付けられた場所を産卵床と呼びますが、産卵床1カ所当たり数十粒から数百粒の卵を産みます。一度の産卵期間中にメスは1～数回産卵します。

写真14 稚魚と成魚の生息場所

　産み付けられた卵は12～1月頃に発眼（卵の中に眼ができること。口絵29）し、1～3月頃にふ化します。

　産卵期は繁殖保護のために都道府県や漁協の規則で禁漁になっているので、この期間に釣りはできません。

【生息場所】

　卵からふ化した魚を仔魚（しぎょ）といいます。仔魚は産み付けられた川底の砂利の間でじっとして、腹に付いている「さいのう」と呼ばれる栄養分を吸収します。吸収し終えると、稚魚として砂利の間から泳ぎ出します（口絵30）。稚魚はしばらくの間産卵床の周辺にいますが、雨などの増水のたびに流されて下流に分散します。

　イワナ、ヤマメ・アマゴともに、稚魚期には岸辺近くの水深が浅くて流速の遅い場所に生息し、幼魚、成魚と成長するにしたがって、より深く、流れの早い場所に生息場所を移していきます（写真14）。成魚は深い淵に好んで棲みます。淵で大きな魚が釣れるのはそのためです。

【食性】

　サケ科魚類は動物食であり、植物は食べません。水生昆虫（カゲロウやカワゲラ、トビケラなど）や陸生昆虫（アリやバッタなど）、クモ、ミミズなど、水面や水中を流れてくるいろいろな生き物を食べます。稚魚は水生昆虫の幼虫を食べ、幼魚、成魚と成長するにしたがって陸生昆虫などを好んで食べるようになります。成魚になると、カエルやサンショウウオな

ども食べます。共食い（同じ種類の魚を食べること）したり、イワナがヤマメ・アマゴを、ヤマメ・アマゴがイワナを食べたりすることもあります。

　餌は流れの早いところほどたくさん流れてきます。しかし、そのような場所では流れが強すぎて魚は定位（流れの中の同じ場所に身を置くこと）できません。できたとしても、体力を消耗します。そこで、魚は餌がたくさん流れてくる場所のすぐそばの、流速がそれほど早くないところに定位し、時々体を流れの早い場所にスライドさせて餌を食べます。こうすることによって、定位になるべくエネルギーを使わずに、より多くの餌を食べられるのです。

　朝夕や降雨後の増水時に摂餌の活性が高まります。このような時にたくさん釣れます。夜になってもしばらくの間餌を食べます。

【成長、成熟、寿命】

　一般に、渓流に生息するイワナ、ヤマメ・アマゴは30cmくらいに成長します。ただし、水温が低かったり、餌が少なかったりするとそれほど大きくなりません。

　イワナのオスは早くて1歳（生まれた年を0歳とする）で成熟し、メスは早くて2歳で成熟します。一方、ヤマメ・アマゴの成熟年齢はイワナより早く、オスは早くて0歳、メスは1歳でそれぞれ成熟します。

　成熟する（成魚になる）までの生残率は、少ない研究例から推測すると、イワナ、ヤマメ・アマゴともに産み付けられた卵の数の1〜2%であると考えられます。

　ヤマメ・アマゴでは、メス、オスともに産卵すると多くの魚が死んでしまいますが、イワナは雌雄ともにそれほど死なずに数年にわたって産卵します。ヤマメ・アマゴの寿命は2〜3年、イワナの寿命はそれより長くて5〜6年です。したがって、一生のうちの産卵回数（産卵する年数）はヤマメ・アマゴでは成熟するのが1歳とすると1〜2回、イワナでは2歳で成熟すると3〜4回です。

6- なわばりと序列

　イワナ、ヤマメ・アマゴともに、餌を食べるために「なわばり」を作ります。そして、なわばりの場所をめぐってよくケンカをします。サケの仲間では、体の大きな魚がケンカに強いという原則があります。体の大きな魚ほど、餌が多く流れてくる場所になわばりを作ります。

イワナよりヤマメ・アマゴのほうがケンカに強いことが知られています。しかもヤマメ・アマゴは自分より少し大きいイワナよりも強いのです。そのため、イワナとヤマメ・アマゴが同じ淵にいる場合、ヤマメ・アマゴのほうが餌の多く流れてくる場所になわばりを作ります。両種が生息している川でイワナよりもヤマメやアマゴのほうが先に釣れるのは、このような生態も関係しています。

7- 生態と釣りの関係

釣られやすさにも種による違いがみられます。アメリカにおける研究結果では、最も釣られやすいのがカワマスで、次いでニジマス、ブラウントラウトの順となっています。ブラウントラウトは釣られにくいうえに大型になるため、川における釣り対象魚（ゲームフィッシュ）として欧米で上位にランクされています。

日本での研究では、アマゴとニジマスを比べると、ニジマスのほうが釣られやすいという結果が得られています。また、ヤマメ・アマゴに比べてイワナのほうが釣られやすいことが経験的に知られています。こうした性質は、例えば短期間にたくさん釣れる釣り場作りや、長期にわたって少しずつ釣れる釣り場作りといった釣り場の管理に利用できるでしょう。

8- 外来魚との競合、天敵

ニジマスやカワマス、ブラウントラウトは、同じ体の大きさで比べるとイワナやヤマメ・アマゴよりもケンカに強く、同じ場所で生活するとイワナやヤマメ・アマゴを追い払ったり、餌を横取りしたりします。また、カワマスはイワナと近い仲間（分類の上で同じ属）のため交雑してしまいます。そして、生まれた子供には生殖能力がありません。

これらの外来魚は釣りの対象として一部の釣り人の間で人気があります。しかし、日本の川で増えるとイワナ、ヤマメ・アマゴの減少の原因になってしまいます。

イワナ、ヤマメ・アマゴの天敵はヤマセミやカワセミといった鳥やカワネズミやイタチなどの獣です。しかし、一番の天敵は釣り人でしょう。

第1部 渓流魚と渓流釣りの現状と課題 3章

漁協の役割と釣り人の義務

1- 漁協とは、釣り人とは

　漁協は漁業協同組合の略称です。漁協とは、漁業者（漁民）によって組織された協同組合です。水産業協同組合法（124ページ参照）によると、「漁民の協同組織の発達を促進し、もってその経済的社会的地位の向上と水産業の生産力の増進とを図るための協同組織」とされています。漁協の構成員が組合員です。

　川や湖の漁協の多くが漁業権のひとつである「第五種共同漁業権」を都道府県の知事から免許されています。漁業法（124ページ参照）の第6条第5項に「共同漁業」の規定があり、その第5号に次のように「第五種共同漁業」が定義されています。

　「内水面（農林水産大臣の指定する湖沼を除く。）又は農林水産大臣の指定する湖沼に準ずる海面において営む漁業であって第1号に掲げる以外のもの」（注釈：第1号とは第一種共同漁業権。藻類や貝類などを捕る漁業）

　簡単にいうと、第五種共同漁業権とは、川や湖において漁業を営む権利です。第五種共同漁業権を免許された漁協は全国に約800あります。そのうち約600の漁協で、渓流魚が漁業権の対象種（漁業権魚種）になっています。

　漁業法で、釣り人（遊漁者）とは「漁協の漁場（漁業権が設定された川や湖）で魚などを捕る組合員以外の者」とされています。渓流魚を捕って売って生活を成り立たせている漁業者は日本にはもういないといってよいでしょう。そういった点では、組合員は「漁協に属している釣り人」、遊漁者は「漁協に属していない釣り人」ということができます。

2- 漁協に課せられた増殖義務

　漁業法の第127条に、「内水面における第五種共同漁業は、当該内水面が水産動植物の増殖に適しており、且つ、当該漁業の免許を受けたものが当該内水面において水産動植物の増殖をする場合でなければ、免許してはならない。」と書かれています。

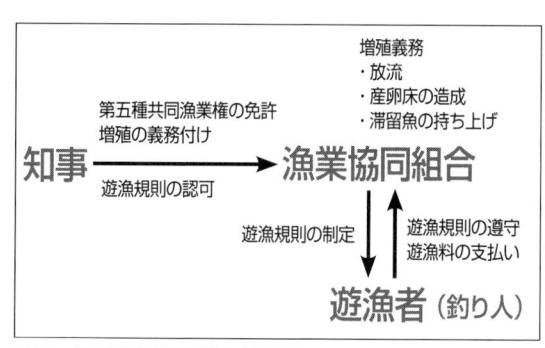

図8　第五種共同漁業権の仕組み

　また、第128条では、「都道府県知事は、内水面における第五種共同漁業の免許を受けたものが当該内水面における水産動植物の増殖を怠っていると認めるときは、内水面漁場管理委員会（38、125ページ参照）の意見をきいて増殖計画を定め、その者に対し当該計画に従って水産動植物を増殖すべきことを命ずることができる。」とあります。

　さらにその第128条第2項には、「前項の規定による命令を受けた者がその命令に従わないときは、都道府県知事は、当該漁業権を取り消さなければならない。」というように厳しい内容になっています。第五種共同漁業権を免許された漁協は、漁業権の対象となる魚種（漁業権魚種）を積極的に増殖しなければなりません。これを「増殖義務」といいます（図8）。

　増殖義務を果たさないと、漁協は漁業権を取り消されてしまいます。海に比べて川や湖の魚の数は少なく、捕るばかりで増殖しないと、すぐに資源は枯渇してしまいます。そのため、増殖の義務が漁協に課せられているのです。

3- 漁業法に基づく増殖とは

　漁業法127条に基づく増殖とは、水産庁長官通知において、「人工ふ化放流、稚魚又は親魚の放流、産卵床造成等の積極的人為手段により採捕の目的をもって水産動植物の数及び個体の重量を増加せしめる行為を指し、養殖のような高度の人為的管理手段は必要としないが、単なる漁具、漁法、漁期、漁場及び採捕物に係る制限又は禁止等消極的行為に止まるものは、

含まれない。」と示されています。

　また、最近の水産庁長官通知において、「必要に応じ、内水面の豊度に応じた放流のほか、産卵床の造成等繁殖のための施設の設置、堰堤によってそ上が妨げられている滞留稚魚を上流に汲み上げ再放流する等在来資源のそ上の確保等についても、効果が顕著であると認められる場合は、これらの組み合わせ等についても合わせて検討されたい」とされています。

　このように、増殖義務を果たすための方法には、「放流」、「産卵床の造成」、「堰堤やダムなどの下流に遡上できずに溜まっている魚の上流への持ち上げ」の3つがあることがわかります。これらのうち、全国的に多くの漁協が行なっているのが「放流」です。魚の数が少なくなってしまった川や自然繁殖ができなくなった川では、放流は有効です。その一方で、河川環境が比較的良好な場所では、放流だけでなくそれ以外の増殖方法（43～46ページ参照）も実施することが望ましいのです。天然魚がいる川では、せっかく残っているその川固有の遺伝子を残すという観点（遺伝的固有性の保全）から放流はしないほうがよいのです。

　なお、放流は、漁協が増殖義務を果たすためだけでなく、漁協や市町村、観光協会、温泉組合などが釣り人や観光客を集めるイベントなどのためにもよく行なわれます。また、釣り人によっても行なわれます。

　天然魚を守り、本来の生息分布を乱さないようにするため、釣り人の自主放流は望ましくありません。釣り人は放流を行なおうと思ったら、漁協に相談してください。また、漁協は釣り人から放流の申し出があったら、積極的に話し合いに応じましょう。

4- 増殖義務と漁場管理

　多くの漁協は、漁業権が設定されたすべての川で放流を行なわなければならないと考えがちです。しかし、そうではありません。漁協がすべきことは、漁業権が設定された川全体についての「漁場管理」と、魚を増やす必要のある場所での「増殖」です。たしかに「増殖」は漁業法に明記されている法定義務なので、ついついそればかりに目がいってしまいます。しかし、漁協がまず基本的に行なうべきことは漁場管理です。

　漁場管理とは、禁漁期や禁漁区の設定、体長の制限、尾数の制限、漁具漁法の制限・禁止、川の監視、釣りの監視、禁漁や釣り方などを示す看板の設置、魚道の整備、川に下りるための道の整備、トイレの設置などです。

多くの都道府県において内水面漁場管理員会は漁協に対して義務的な放流の数量を指示しますが、漁協はそれらの魚を漁業権が設定された川全体に放流する必要はないのです。放流を行なう場所もあれば、行なわなくてもよい場所もあるのです。

放流を行う場所というのは、例えば捕られすぎてしまって魚の数が減ってしまった場所や、魚はそこそこいるが組合員や釣り人にもっとたくさん捕ってもらいたい場所です。一方、天然魚が生息している場所というのは、放流を行なわなくてもよい場所のひとつにあたります。生息する魚は野生魚であるが、数が多くて特に放流する必要がない場所も、放流を行なわなくてもよい場所になります。そのような場所については、漁協は漁場管理をきちんと行なえばよいのです。

5- 増殖と内水面漁場管理委員会

内水面漁場管理委員会は遊漁規則（125～127ページ参照）に関する審議をする他に、毎年、内水面の漁協から出されたその年の実績に基づいた次年度の増殖計画を審議します。その内容が妥当か否かの審査を内水面漁場管理委員会が行ない、その基準は都道府県で異なります。

その年に何尾の魚が釣りのために減耗したかが、次年度の放流数量や産卵床の造成数・面積などを計算する際の基礎資料になるわけですが、釣りによる資源の減耗量を実測するのは困難です。そのため、多くの都道府県では、遊漁料収入を資源の減耗量の指標として（遊漁料＝釣り人の数＝釣られた魚の数）、次年度の増殖量を計算しています。

6- 釣り（遊漁）のルール

法律に基づいた釣りのルールには、おもに内水面漁業調整規則（124～127ページ参照）と遊漁規則（125～127ページ参照）があります。内水面漁業調整規則は農林水産大臣の認可を受けて知事が制定した規則、遊漁規則は知事の認可を受けて漁協が制定した規則です。

内水面漁業調整規則では、禁漁期、禁漁区、体長制限、漁具漁法の制限・禁止、採捕の許可（例えば特別採捕許可）、これらに違反した時の罰則などが定められています。

遊漁規則には、禁漁期、禁漁区、体長制限、漁具漁法の制限・禁止の他、遊漁料の額やその納付の方法、遊漁承認証（遊漁券）に関すること、遊漁

に際し守るべきことなどが定められています。

　漁業権が設定されている、つまり漁協が存在する川で釣りをしようと思ったら、釣り人はその漁協の遊漁規則を読んで理解し、遊漁料を納めた（遊漁承認証の交付を受けた）上で遊漁規則に定められたルールを守って釣りをする必要があります。漁業権が設定されているかどうか（漁協があるかどうか）は、その川の最寄りの釣具店や、都道府県庁の水産の担当課や水産試験場などに問い合わせればわかります。また、遊漁規則は釣具店や漁協で入手できます。都道府県庁のホームページに掲載されている場合もあります。

　漁業権が設定されていない川（漁協のない川）では、内水面漁業調整規則を守って釣りをすることになります。この場合、遊漁料は課せられません。内水面漁業調整規則は釣具店や都道府県庁の水産の担当課、水産試験場で入手できます。都道府県庁のホームページに掲載されている場合もあります。

　内水面漁業調整規則、遊漁規則ともに、内容は都道府県や漁協によって異なるので、釣りに行く前に必ず読んでください。

　漁協には、遊漁規則の他に、漁業権行使規則（125ページ参照）があります。これには魚を捕る際に組合員が守るルールなどが示されています。釣りに関しては遊漁規則と同様の内容になっています。漁業法で、漁協は釣り人に対して不当な制限（組合員が遊漁者よりも有利になること）をしてはならないとされているためです。漁業権行使規則も知事の認可により制定されます。

7- 漁協の経営と遊漁料、漁業権行使料、賦課金

　漁協のおもな収入は、賦課金、漁業権行使料、遊漁料です。これらの他に、工事や取水などの補償金や協力金、積立金（貯金）の利子などがあります。

　漁協の支出のおもな内訳は、増殖事業費（放流や産卵床造成の費用）、漁場管理費（監視費、釣り方や禁漁の看板代、川に下りる道の整備費など）、運営費（理事の報酬、職員の給与、事務費など）です。

　第五種共同漁業権が設定された川や湖に生息する魚を採捕する人が、増殖と漁場管理にかかる費用を負担します。増殖と漁場管理にかかる費用は、「種苗又は親魚購入費、放流事業費、漁場保護費等、組合が増殖及び漁場

管理に直接必要とするものの他、これらの事業に要する人件費、事務費等の間接費、及び遊漁者の便宜のために直接必要とする費用」です。

「採捕する人」とは、釣り人と漁協の組合員です。釣り人が支払う費用が「遊漁料」、組合員が支払う費用が「漁業権行使料」です。「賦課金」は、漁協の定款の定めるところによって組合員から漁協が徴収します。

①遊漁料

遊漁料は、漁業権行使料との公平性を保つ妥当な金額としなければなりません。遊漁料の額は、前述のように漁業法の第129条の規定によって遊漁規則で定めることになっています。遊漁料の変更には、漁協の総会の決議をもって知事に申請し、内水面漁場管理委員会の議を経て、知事の認可を受ける必要があります。変更する場合、漁協は事前に都道府県庁の担当者に相談してください。

なお、漁場監視員が現場において遊漁料を直接徴収する際に、遊漁券の取扱所で販売するより遊漁料が高く設定されている場合があります。この割増分は通常知事の認可により遊漁規則で規定されていますが、現場で徴収するための人件費などの事務的な経費であって、懲罰的なものではありません。

②漁業権行使料

漁業法の第8条に基づき、各漁協は漁業権行使規則を定め、その規定によって免許された漁業権の維持管理に要する経費を組合員が組合に納付します。漁業権行使料の金額は基本的には遊漁料と同様の考え方で算出されます。

③賦課金

賦課金は毎年の漁協の経営状況によって変わります。漁協によっては、漁業権行使料と賦課金を一緒にして「負担金」のような名目で徴収していますが、本来は区別すべきです。

なお、出資金という費用がありますが、これは組合員になる時に漁協に納めるお金です。組合を脱退する時に返却されます。

漁協は遊漁料を徴収している以上、遊漁料の使途、積算の根拠、徴収の根拠を釣り人に明確にする責任を負っていることを、今まで以上に自覚する必要があります。

第2部

渓流魚を守り楽しい釣り場を作る新しい方策

第2部 渓流魚を守り、楽しい釣り場を作る新しい方策 1章

渓流魚の増殖方法

1-放流

　渓流魚の増殖方法には、放流、採捕の制限、生息環境の保全・改善などがあります。

　放流は正式には種苗放流といいます。渓流魚の放流の方法には大きく分けて、発眼卵放流、稚魚放流、成魚放流があります。放流に使われる卵や魚は、多くの場合養殖されたものです。

　発眼卵放流とは、中に眼ができた状態の卵（写真15、口絵29）を川底に埋めて放流する方法です。

写真15　イワナの発眼卵

　稚魚放流では、体重が2〜5gの当歳魚（0歳魚。写真16、口絵30）を放流します。

　成魚放流では、10g以上の大きな魚を放流します。5gより大きく、10gより小さい魚を放流する場合は幼魚放流といいます。

　放流は漁協が課せられた増殖義務の履行方法のひとつです。

　それぞれの放流方法の概要は表3のとおりです。詳しい方法や特徴、注意事項については、64〜77ページをご覧ください。

写真16　渓流魚の稚魚（左がイワナ、右がヤマメ）

表3 イワナ、ヤマメ・アマゴの発眼卵放流、稚魚放流、成魚放流の特徴

	発眼卵放流	稚魚放流	成魚放流
放流時期	10～1月 (放流先の川での卵の発眼時期)	3～7月 (放流先の川での稚魚サイズの時期)	通年
値段	1.8～2.5円/粒	2gサイズ9～20円/尾 5gサイズ13～25円/尾	10gサイズ18～25円/尾 50g以上1,000～1,800円/kg
運搬	山奥まで簡単に運べる	魚を積んだトラックが入れる場所に限られる	魚を積んだトラックが入れる場所に限られる
技術的難易度	難しい	比較的簡単	比較的簡単
即効性	釣れる大きさになるまで、イワナで2～3年、ヤマメで1～2年かかる	釣れる大きさになるまで1～2年かかる	放流後、すぐに釣れる

2-採捕の制限

　渓流魚の増殖には、放流の他に、採捕を制限したり、生息環境を保全したり改善するという方法があります。これらを適切に実施すれば、放流に頼らなくても魚を増やすことができます。

　採捕の制限の多くは、内水面漁業調整規則に規定されていますが、遊漁規則と漁業権行使規則によってそれ以上の厳しい制限にすることができます。

　採捕の制限には、次のような方法があります。

①禁漁期の設定
　渓流魚の産卵期である秋からふ化期である春先までを禁漁にすることで、親魚や卵、仔魚や稚魚を保護します。
②禁漁区の設定
　産卵場所や仔稚魚の成育場所、魚道などを禁漁にすることで、産卵や移動を保護します。
③体長の制限
　釣って良い魚の大きさの下限を決めることで、稚魚や幼魚を保護します。逆に、大型の魚（親魚）を持ち帰らないようにして、できるだけ多くの魚に産卵させるという方法もあります。
④尾数の制限
　1日当たりに持って帰って良い魚の尾数を制限することで、乱獲を防ぎます。

写真17
カエシのない、あるいはカエシをつぶしたハリ（下の段）

⑤漁具漁法の制限・禁止
　魚体への損傷を防いでリリース後の生残率を向上させるため、ルアーのハリを3本から1本に減らしたり、カエシ（アゴ、アギ）のないハリ（ルアー釣りやフライ釣りでは「バーブレスフック」と呼ばれる。写真17）を使うことも行なわれています。

⑥入漁者数の制限
　釣り場に入れる釣り人の数を制限することで、乱獲を防ぎます。

　これらのことを看板などで釣り人に知ってもらう時に、許可を得た上で地元の警察署や交番の名称を入れると効果的です。
　採捕の制限は増殖方法のひとつですが、漁協が課せられた増殖義務の履行方法には該当しません。漁場管理にあたります。

3- 生息環境の保全・改善

①森林の保全
　森林は、流量を維持したり、水質を良好に保ったり、陸生昆虫などの渓流魚の餌を供給します。また、倒木や川に落ちた枝は魚の隠れ場を作ります。豊かな森林を保全することによって、魚を増やすことができます。
　宮崎県の北川漁協は、毎年100万円の予算を計上して漁場の水源の雑木林を30～40年の契約で借り上げ、伐採などをしないようにして森林を保全しています（121～122ページ参照）。

②淵、瀬、隠れ場の保全と改善
　渓流魚は、深い淵と浅い瀬が交互に連続し、岩や倒木などの隠れ場の多

い川に好んで生息します。このような自然環境のよく保たれた川は今後もその景観が維持されるように保全すべきです。

　河川工事などによって、淵が浅くなったり、隠れ場が少なくなったりした川については、人工的に岩や石を置いて、淵や隠れ場を作り出すという方法があります（写真18）。しかし、多くの場合、人工的に作られた淵や隠れ場は時間の経過とともに土砂で埋まってしまい、用をなさなくなります。長期的に魚に利用してもらえる淵や隠れ場の作り方の開発が待たれます。

③移動の確保

　堰堤に魚道を付けたり（写真19）、堰堤をスリット化して（写真20）、魚が川の中を自由に移動できるようにしてあげましょう。スリット化とは、縦の切れ込みを入れたり、鋼製ですき間のある構造にすることです。渓流魚は支流に遡上して産卵する性質があるので、魚道の付設やスリット化などにより、本流から支流に遡上しやすい環境を整えることも大切です。

④人工産卵場の造成

　渓流魚の産卵場を人工的に造成することができます（78～84ページ参照）。

写真18　人工的に作られた淵（佐藤拓也氏提供）

写真19　魚道付きの堰堤

写真20　スリット化された堰堤

45

⑤人工産卵河川の造成

　渓流魚の産卵のための川を人工的に作ることもできます。人工河川を作り、そこに人工産卵場を造成します（84〜85ページ参照）。

　人工産卵場の造成と人工産卵河川の造成は増殖義務の履行方法にあたります。森林の保全や淵・瀬・隠れ場の保全と改善、移動の確保は漁場管理です。

4-キャッチ・アンド・リリース

　キャッチ・アンド・リリースは、持ち帰って良い尾数がゼロという尾数制限にあたるといえます。釣った魚をすべて放流すれば、魚は減りません。しかし、不用意に放流すると、魚は死んでしまいます。そうならないように、次のことを守ってください。

①カエシ（アゴ、アギ）のないハリ（バーブレスフック）を使う。
②ルアー釣りの多くのハリは3本バリ（トリプルフック、イカリバリ）であるが、カエシのない1本バリ（シングルフック）を使う。
③魚を砂まみれにしたり、石にあてたりしない。タモ網（釣れた魚をすくう網）もなるべく使わない。
④魚を水中から出さず、魚体に触れないで、ハリだけを持って魚からハリをはずす。
⑤ハリをはずし、放流しようとした時に魚が弱っている場合は、流れの緩やかな場所で魚の頭を上流に向けて両手でそっと支え、自力で泳げるようになるまで待つ。この時、エラを手で押さえない。
⑥ハリを飲み込まれてしまった場合は、無理にはずさず、糸を切って放流する。時間が経つとハリは自然に抜ける。

　キャッチ・アンド・リリースを遊漁規則と漁業権行使規則に規定している例が平成20（2008）年度現在で全国に6漁協あります。キャッチ・アンド・リリースは漁場管理のひとつの方法です。
　ちなみに、釣った魚を食べることを、キャッチ・アンド・イートといいます。イート（eat）は英語で食べることです。

渓流釣り場のゾーニング管理

1- ゾーニング管理とは

　残念ながら、多くの漁協は自分の管内の川に天然魚が生息しているのかどうか知りません。天然魚の遺伝子がそれぞれの川固有で貴重なことや、天然魚を釣りたいという釣り人のニーズを知らないからです。また、最近の釣り人がどのような釣りをしたがっているか、なかなか理解していません。例えば、ルアー釣りやフライ釣り、キャッチ・アンド・リリース派の釣り人が増えていることを知りません。「釣り人なんてどうでもいい。自分たちが釣れればいい」と思っている漁協もあります。

　放流についても、昔どおりの場所に、昔どおりの量を、昔どおりの方法で放流している漁協も少なくありません。

　このような昔ながらの漁場管理の方法は「慣行管理」といえます（図9）。

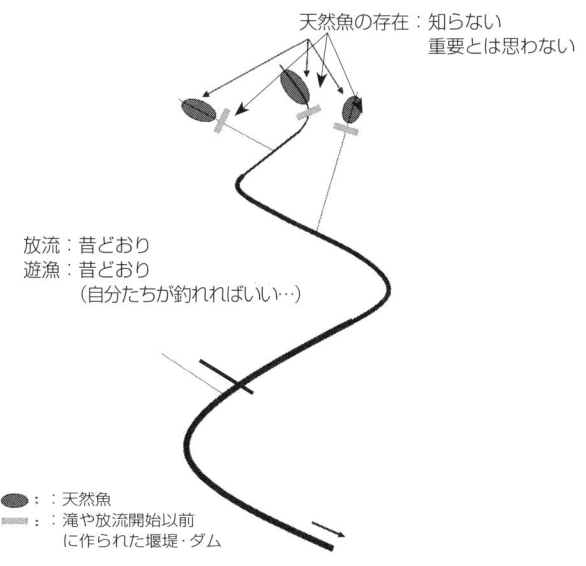

天然魚の存在：知らない
　　　　　　　重要とは思わない

放流：昔どおり
遊漁：昔どおり
　　　（自分たちが釣れればいい…）

● ：天然魚
▬ ：滝や放流開始以前に作られた堰堤・ダム

図9　慣行管理

図10 ゾーニング管理

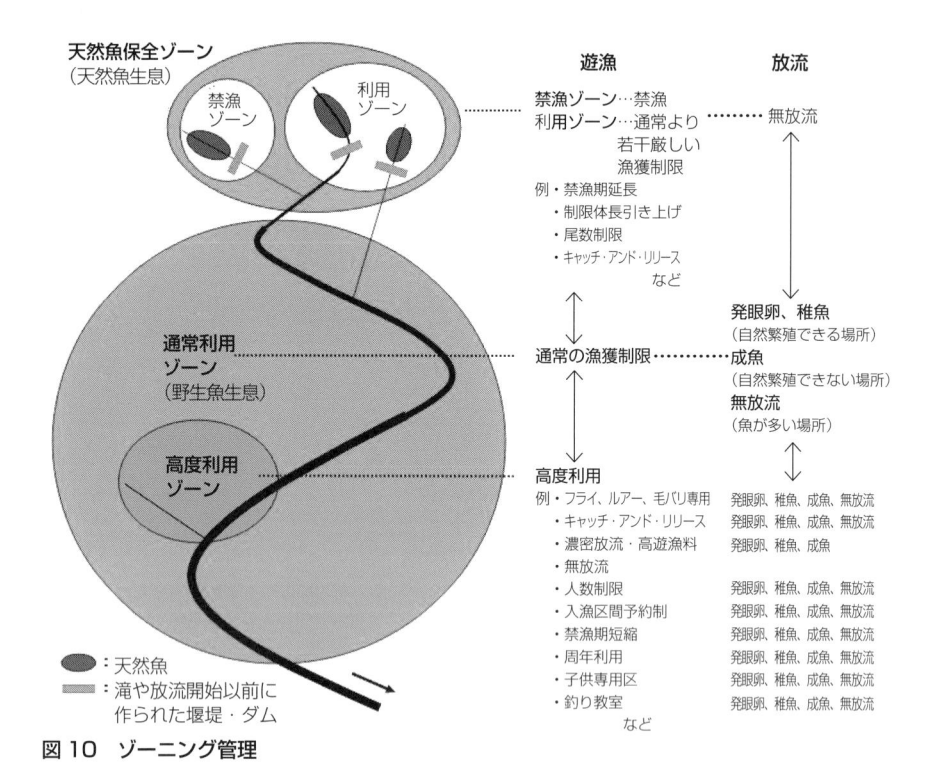

しかし、慣行管理では、天然魚を保護したり、多くの釣り人に来てもらうことは難しいのです。

　天然魚を守りつつ、釣り人に喜んでもらえる釣り場を作り、漁協の経営を安定させるための漁場管理の方法のひとつが「ゾーニング管理」です（図10、口絵24）。

　漁協の管内全体を同じように管理するのではなく、例えば、
「ここは、天然魚を守る場所」
「ここは、放流によって魚を増やす場所」
「ここは、キャッチ・アンド・リリース区にして、たくさんの釣りに
　人に来てもらう場所」
というように、場所を分けて、魚を守ったり、増やしたり、釣れるようにするのです。

　ゾーニング管理とは、いわば「自然条件と社会条件に応じて生息域をいくつかの区域（ゾーン）に分け、増殖や保全、利用を図ること」です。

　ゾーニング管理を行なう時の方法として、「遊漁管理」と「放流」があ

48

ります。遊漁管理の基本的な方法は、「禁漁期の設定」、「禁漁区の設定」、「体長制限」、「漁具漁法の制限・禁止」です。後述するように、この他にいろいろな方法があります。

放流には、大きく分けて、「発眼卵放流」、「稚魚放流」、「成魚放流」があります。「発眼卵や稚魚、成魚を、いつ、どこに、どのように放流するか」を考え、実行することが大切です（詳しい放流方法については64～77ページを参照）。

図10のように、「遊漁管理」と「放流（あるいは無放流）」を、川や魚の状況、訪れる釣り人の要望や漁協の組合員の価値観によって組み合わせて行なうのがゾーニング管理です。

2- 天然魚の生息場所の推定方法

天然魚を守るためには、まずはじめに天然魚がどこにいるのか知る必要があります。しかし、川で魚を捕り、その姿かたちを見て天然魚か野生魚か放流魚か判別できれば良いのですが、渓流魚の場合、体の表面の模様（斑点、斑紋）や体の中の特徴（骨格、内臓）は、地方や水系、川、支流によって変化が大きくて、そのような特徴で判別することはできません。背中に虫食い状の模様があるから放流魚であるとか、腹が赤いから天然魚とはいえないのです。

川や魚のことに詳しい人たちに、今までの放流の状況（放流魚種、放流年、放流場所、放流魚の入手先）と、魚の遡上を止める滝や堰堤・ダムの位置を聞き取る

建設したり管理している機関に、堰堤やダムを作った年を聞き取る

漁協の放流記録（放流魚種、放流年、放流場所、放流魚の入手先）を調べる

地図に放流の実績と魚の遡上を止める滝や堰堤・ダムの位置（堰堤・ダムについては建設された年）を書き込む

：滝や放流開始以前に作られた堰堤・ダム
：天然魚

昔からある自然の滝や、放流前に建設された堰堤・ダムを放流魚の遡上限界とし、その上流にいる魚が天然魚

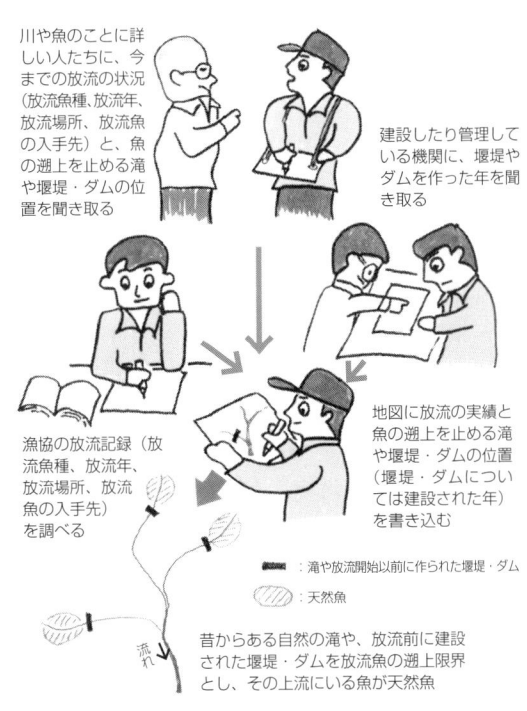

図11　天然魚の生息分布の聞き取り推定法（飯田 遥氏提供）

そこで、種苗放流の実績と放流された魚の遡上限界との位置関係から天然魚の生息分布を推定するという調査方法（聞き取り推定法、図11）をおすすめします。

具体的な手順は次のとおりです。

① 漁協だけでなく、養魚場、釣り人の団体、市町村役場、観光協会、旅館や民宿など、渓流魚の放流を行なったり生息状況に詳しい人たちを対象に、放流の実績（放流した年、放流場所、放流魚の入手先）を聞き取る。同時に、放流された魚の遡上を止める障害物（滝や魚道のない堰堤、ダム）の位置を調べる。ヤマメやアマゴが放流されるようになったのは昭和40年代前半、イワナでは昭和40年代後半である。そこで、それ以降について調べる。

② 放流の実績と遡上阻害物の位置を地図上に書き込み、「放流された魚が遡上したらここまで行けるだろう」という遡上限界の位置を確認する。放流された魚はその川だけでなく、流入する支流にも遡上するので、支流についても調べる。

③ 遡上限界が堰堤やダムといった河川工作物の場合は、国土交通省や林野庁、都道府県庁、電力会社といった、それらを作った機関から建設した年を聞き取る。

④ 昔からある自然の滝や、放流開始以前に建設された堰堤やダムを放流魚の遡上限界として、その上流に生息している魚を天然魚とみなす。

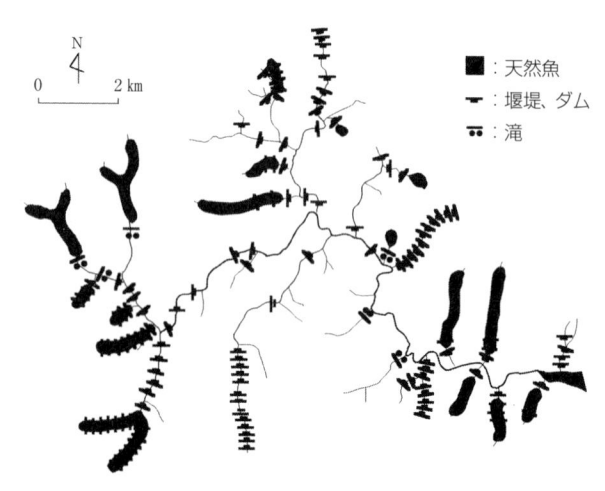

つまり「いつどこで放流が行われた。放流された魚が移動したとしても、この滝や堰堤、ダムまでしか行けない。だからその上流には天然魚が残っているだろう」ということです。多くの場合、天然魚は滝や堰堤・ダムの上流に生息しています（図12）。

図12　聞き取り推定法による天然魚の生息分布調査の結果例

なお、イワナについては遺伝子解析で天然魚かどうかをある程度推定できます。ただし、遺伝子解析には設備や技術、お金が必要なため誰でもできるわけではありません。都道府県の水産試験場などによって可能な場合がありますので、水産試験場にご相談ください。

3- ゾーン別の管理方法

　ゾーニング管理では、川を「天然魚保全ゾーン」、「通常利用ゾーン」、「高度利用ゾーン」の3つに分けます。それぞれのゾーンの定義と管理方法は次のとおりです。

【天然魚保全ゾーン】

　天然魚が生息している場所を「天然魚保全ゾーン」と位置付けます（48ページの図10）。ここでは原則放流をしません。放流すると、せっかく残っている天然魚が放流魚と交配して天然魚でなくなってしまうからです。

　天然魚を守るための方法として禁漁があります。そこで天然魚のいる川を数年あるいは永年の禁漁区にします。

　しかし、天然魚を守るために禁漁区ばかり作ったら、釣り場が減って、釣り人も漁協も困るということもあります。天然魚を釣りたいという釣り人のニーズもあります。その場合は、天然魚を「守りたい」と「釣りたい」の2つの考え方を両立させるため、「天然魚保全ゾーン」の中に「禁漁ゾーン」と「利用ゾーン」を設けます。「禁漁ゾーン」は、読んで字のごとく禁漁区です。一方、「利用ゾーン」では普通より少し厳しいルールのもとで釣りができるようにします。天然魚は、数が少ないので普通の釣り方をしたら、あっという間にいなくなってしまうからです。「利用ゾーン」における「少し厳しいルール」には、次のような方法があります。

①漁期の短縮
　解禁日を遅らせたり禁漁日を早めたりして、釣りのできる期間を短くする。
②制限体長の引き上げ
　持って帰って良い魚の大きさを20cmくらいに引き上げる。
③尾数の制限
　持って帰って良い魚の数の上限を決める。
④キャッチ・アンド・リリース
　釣った魚をすべて川に戻す。

このようなルールを決めた上で、「禁漁ゾーン」の川と「利用ゾーン」の川を数年おきに入れ替える「輪番禁漁」という方法も有効です。
　輪番禁漁の禁漁と解禁の年数ですが、イワナでは「2～3年禁漁・1年だけ解禁」、ヤマメ・アマゴでは「1～2年禁漁・1年だけ解禁」が良いと考えられています。例えば、イワナの場合は3つの川を、ヤマメ・アマゴの場合は2つの川をそれぞれ1年ずつずらして輪番禁漁にすれば、禁漁明けで魚のたくさん釣れる川が毎年必ず1つあることになります。

【通常利用ゾーン】

　「天然魚保全ゾーン」の下流に広がる、遺伝的には天然魚のように純粋でないが自然繁殖している魚、つまり野生魚が生息している場所を「通常利用ゾーン」に位置付けます（48ページの図10）。ここでは今までどおりのルールで釣りを楽しみます。

【高度利用ゾーン】

　「通常利用ゾーン」の中に「高度利用ゾーン」を設けることもゾーニング管理の1つの方法です。高度利用ゾーンとは、釣り人に喜んでもらえたり、漁協が収益をあげられる場所のことです。
　高度利用には次のような方法があります。

①キャッチ・アンド・リリース区
　　内容：釣った魚を持ち帰らずに放す
　　効果：魚が減らないので、シーズンを通して釣れる
②フライ釣り、ルアー釣り、毛バリ釣り（フライ釣りとテンカラ釣り）の専用区
　　内容：釣り方別の専用の釣り場
　　効果：同好の仲間が集まる（マナーのあまり良くない餌釣りの釣り人が来ない）
③無放流
　　内容：放流を行なわない
　　効果：姿かたちのきれいな天然魚や野生魚が釣れる
④濃密放流・高遊漁料（特設釣り場）
　　内容：放流量が多く、その分遊漁料が高い
　　効果：たくさん釣れる

⑤人数制限
　　内容：入れる釣り人の数が決まっている
　　効果：人数が少ないので、ゆっくり釣れる
⑥入漁区間予約制
　　内容：釣り場をいくつかの区間に分けて、区間ごとに釣り人を予約制で受け入れる
　　効果：人数が少ないので、ゆっくり釣れる
⑦禁漁期の短縮
　　内容：禁漁期を短くする
　　効果：長い期間釣りができる
⑧周年利用
　　内容：禁漁期を設けない
　　効果：一年中釣りができる
⑨子供専用区
　　内容：子供だけが釣れる
　　効果：大人が来ないので、子供たちがゆっくり釣れる

　驚くかもしれませんが、いずれも実際に行なわれています。しかも、①、②、④、⑤については遊漁規則と漁業権行使規則に規定して実施されています。規則に盛り込まれなくても、「釣り人へのお願い」という形式で定着している例もあります。
　⑦、⑧については内水面漁業調整規則に規定される必要があり、規定して実施されています。
　⑨については遊漁規則と漁業権行使規則への規定が可能です。これからは女性専用区があってもよいでしょう。
　③については、漁協がこの釣り場では無放流でも、管内全体として内水面漁場管理委員会から指示された増殖義務を果たし、この釣り場の漁場管理をきちんと実施していれば可能です（37～38ページ参照）。
　⑥については「釣り人へのお願い」という形式で実施されています。
　これらの組み合わせも考えられます。例えば、毛バリ釣り専用・無放流のキャッチ・アンド・リリース区という釣り場が実際にあります。
　ただし、このような釣り場をどの漁協でも作れるわけではありません。漁協の中の意志が統一され、漁協と釣り人の望みが一致し、必要に応じて

内水面漁業調整規則や遊漁規則・漁業権行使規則に規定された場合に可能です。

高度利用ゾーンは、漁協の事務所の近くや、道路や林道の横、集落に近い場所に設けると監視できるので管理しやすいといえます。

天然魚保全ゾーンの中に、天然魚を利用した高度利用ゾーンを設けるという方法もあります。例えば、毛バリ釣り専用のキャッチ・アンド・リリース区です。もちろん無放流です。

4- ゾーニング管理における放流方法

天然魚保全ゾーンでは、天然魚を残すために原則放流をしません（48ページの図10）。

通常利用ゾーンや高度利用ゾーンでは、次のような放流方法がよいでしょう。

① 産卵や稚魚がみられて、自然繁殖が期待できる場所では、発眼卵放流。稚魚放流も可
② 産卵はみられないが、放流した稚魚が生息できるような場所では、稚魚放流
③ 河川工事や森林伐採などの影響で、淵が浅い、浮き石が埋まるなどして隠れ場が少ない、堰堤で寸断されている、取水されて流量が少ない、などの理由で自然繁殖できない場所では、成魚放流

ただし、「通常利用ゾーン」であっても、親魚が十分に残っていて、産卵場所や稚魚の保育場所もあり、自然繁殖がきちんと行なわれている場所では無放流、つまり放流を行なわないという選択肢もあります。

また、「高度利用ゾーン」の遊漁管理の方法のひとつとして、「無放流による野生魚の釣れる場所」というものもあります。そのような場所では放流しません。

写真21　漁協が養魚場に特別に育ててもらい放流した「ひれピン」のヤマメ
（佐藤成史氏提供）

養魚場に特別に育ててもらったヒレや体型のきれいな魚（ひれピンの魚。写真21）を、高価ですが購入して放流している漁協もあります。このような放流をすると、釣り人に喜ばれ、漁協の評価が上がります。

5- ゾーニング管理を始める手順

ゾーニング管理を始める手順は次のとおりです（図13）。

① a 天然魚の生息分布を把握する（49〜51ページ参照）。
②その結果を地図に書き込み、それをもとに漁協の管内を「天然魚保全ゾーン」と「通常利用ゾーン」に分ける。
③釣り人のニーズと漁協の組合員の考えを把握する。
④「天然魚保全ゾーン」の中のどの川を禁漁区にして（「禁漁ゾーン」）、どの川を釣りに利用するか（「利用ゾーン」）を決める。そして、「利用ゾーン」における釣りのルールを決める。
⑤「通常利用ゾーン」の中に「高度利用ゾーン」を設けるかどうかを決める。設ける場合は釣りのルールを決める。
⑥禁漁区の設定や釣りのルールを遊漁規則・漁業権行使規則に規定する必要がある場合は、都道府県庁の水産の窓口に相談し、知事に申請して認可を受ける。
⑦申請してもすぐに認可されない場合がある。その時は、「釣り人へのお願い」の形式で1〜5年の試行期間をおくのがよい。そして、その間に問題点を抽出し、解決した上で知事に申請する（魚が増えて、釣り人が満足し、釣り場でのトラブルがないといった実績を上げることが大切）。

天然魚の保護と高度利用を同時に図るのが理想です。しかし、漁協によってはすでに管内に天然魚がいない場合があります。また、まずは高度利用を図りたいという漁協もあるでしょう。その場合は、図の①bから始めることになります。

ゾーニング管理を効果的に行うためには、48ページの図10のように「遊漁管理」と「放流」を併用することが重要です。

自分たちの川（漁協にとっては漁業権が設定された川、釣り人にとってはよく行く釣り場）にどのようなゾーニング管理のスタイルが合っているのか、なかなかわからないと思います。そのような時は都道府県の水産試

```
①a 天然魚の生息分布の把握
         ↓
②漁協の管内を「天然魚保全ゾーン」と「通常利用ゾーン」に区分け
         ↓
③釣り人のニーズと組合員の意識のすり合わせ
         ↓
④天然魚保全ゾーンを「禁漁ゾーン」と「利用ゾーン」に区分けし、
  「利用ゾーン」における釣りのルールを決定
  （利用ゾーンを設けず、禁漁ゾーンのみでも可）        ①b 高度利用釣り場
         ↓                                              が欲しいという
⑤高度利用ゾーンの設定場所と釣りのルールを決定  ←       釣り人と組合員
  （高度利用ゾーンを設けなくても可）                    の意識のすり合
         ↓  ↘                                          わせ
⑥都道府県知事の認可を受けて、  ⑦「釣り人へのお願い」の形式で試
  禁漁区や釣りのルールを遊漁規    行（1〜5年）・問題点を解決
  則・行使規則に規定                      ↓
                                 ⑧都道府県知事の認可を受けて、禁漁
                                   区や釣りのルールを遊漁規則・行使
                                   規則に規定
                      ↘ ↓ ↙
                    ゾーニング管理
```

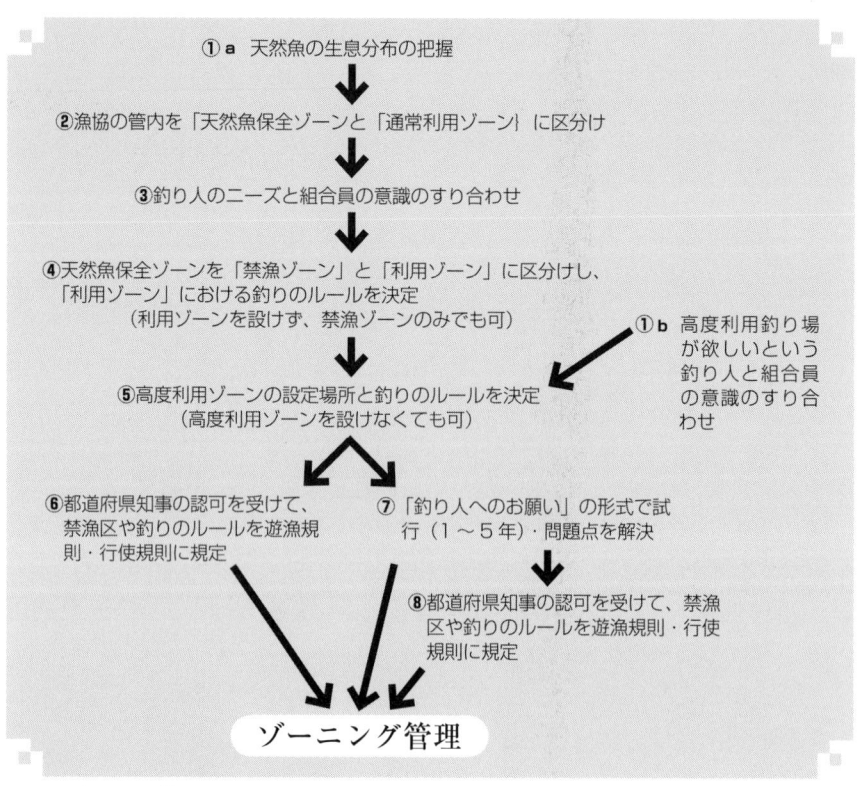

図13 ゾーニング管理を始める手順

験場などにご相談ください。

　また、漁協の管内全体を対象にしたゾーニング管理を最初から行なうのは難しいものです。その時は、まずは天然魚の保護のための禁漁区を設けたり、釣り人に喜んでもらえる釣り場を設けたりすることから始め、徐々に管内全体を管理していくのがよいでしょう。

6- 釣り場の監視方法

　漁場監視員とは、読んで字のごとく釣り場の監視員です。多くの場合、漁協の組合員がなりますが、漁協の組合長が任命すれば釣り人でもなれます。

　漁場監視員の目的は遊漁料を徴収することだけではありません。漁場監視員は釣り場の状況を知るアンテナであり、漁協と釣り人をつなぐパイプの役目を担っています（図14）。監視の際に、「七つ道具」（表4、写真22）

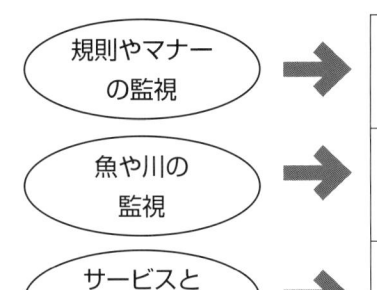

| 規則やマナーの監視 | → | ・遊漁規則が守られているかの監視と指導
・現場における遊漁料の徴収 |
| サービスと情報収集 | → | ・釣り人へ漁場案内、釣果情報などの提供
・釣り人から釣果や魚の情報などを情報収集 |

図14 釣り場の監視の内容

- 規則やマナーの監視 → ・遊漁規則が守られているかの監視と指導 / ・現場における遊漁料の徴収
- 魚や川の監視 → ・自然繁殖や放流魚の状態などの監視 / ・汚濁事故、自然災害など漁場内の環境の監視
- サービスと情報収集 → ・釣り人へ漁場案内、釣果情報などの提供 / ・釣り人から釣果や魚の情報などを情報収集

表4 監視の「七つ道具」とその使い方

道　　具	使　い　方
監視員証と腕章	遊漁規則に決めてあるものを必ず携帯します。
遊漁規則と漁場図	現場で釣り人に説明できるように携帯します。
水　温　計	水温は魚の状態、釣果に影響する大切な条件です。水温が春や秋に急に下がったり、夏に上がると食いが渋り、魚は釣れにくくなります。水温を記録して釣り人に情報提供します。
デジタルカメラ	釣り人の釣果を撮影して、漁協のホームページに素早く載せられます。事故や災害の記録にも利用できます。
偏光レンズの眼鏡	水中の魚を観察する時の強い味方です。
双　眼　鏡	遠くにいる釣り人の確認などに便利です。
日　　誌	漁協への報告や監視上のトラブル防止のために記録を残します。
ペットボトル類	現場で汚濁事故を見つけたら、ペットボトルなどに水を採っておきます。死んだ魚を川の水と一緒にビニール袋に入れて持ち帰り、早めに冷やして保管します（冷凍しない）。

写真22 監視の七つ道具
（左上から、監視員証、腕章、遊漁規則、漁場図、水温計、デジタルカメラ、双眼鏡、偏光レンズのメガネ、日誌、2リットルのペットボトル）

写真23　見やすい看板の例（柳川　建氏提供）

を使うと非常に便利です。
　監視の工夫は次のとおりです。

①わかりやすい看板
　目立たない看板はトラブルのもとです。禁漁区の標識などは、川の両側の木の間に張ったワイヤーなどに看板のように吊るして、釣り人に見えやすいようにするとよいでしょう（写真23）。
②遊漁券にもひと工夫
　遊漁券を遠くからでも確認できるように、服や帽子などに付けられる工夫をしたり、遊漁券の色を毎年替えるようにするとよいでしょう。
③釣り団体（釣りクラブ）との連携
　漁場監視員を確保するのはとても大変です。また、監視のための労力は計り知れません。そこで、釣り人に監視に参加してもらう仕組み作りをするという方法もあります。釣り団体と話し合い、釣り人に監視してもらう体制を作るのです。漁場監視員には、組合長が任命すれば釣り人でもなれます。
④釣り人への対応
　漁場監視員は釣り人とあくまで紳士的に接しましょう。相手が遊漁規則などの違反者の場合は、まずは注意し、聞き入れない場合は警察へ通報しましょう（126〜127ページ参照）。

第2部 渓流魚を守り、楽しい釣り場を作る新しい方策 ❸章

釣り場作りの工夫

1-親子で釣りを楽しんでもらう方法

　釣り人の数は減っています。それに歯止めをかけるためには、子供に釣り好きになってもらう必要があります。未来の釣り人を増やすのです。また、釣りは環境教育や社会教育のひとつになります。釣りを通して、子供たちに自然の大切さや社会にルールのあることを知ってもらえます。しかし、そのようなこと以上に、純粋に釣りのおもしろみを楽しんでもらいたいものです。

　子供たちに釣りに来てもらう方法はいくつかあります。多くの漁協で、子供の遊漁料は無料になっています。このことを市町村の広報誌や地区の回覧板などを通じてアピールしてください。また、漁協によって、子供を小学生以下としている場合と中学生以下としている場合があります。中学生以下として、中学生まで無料にするのがよいでしょう。ただし、無料としないで、魚を捕るためにはお金を支払わなければならないという社会ルールを子供に知ってもらうことも大切です。その場合は、遊漁料をできるだけ安くしてください。

　釣りの道具は決して安価なものではありません。特に竿は子供たちにとって高価です。竿を漁協で買ったり、組合員から使わなくなったものを借りたり貰ったりして、糸やハリ、オモリなどと一緒に子供に貸してあげるという方法があります。

　できれば親子で釣りを楽しんでもらいたいものです。そのために、子供を連れてきた釣り人用に通常より安い遊漁料を設定するという方法もあります。新しい遊漁料を設定するためには、都道府県知事の認可を受ける必要がありますが、目的が明確で現場で混乱が起きないようであれば認可されます。

　子供専用区という例もあります（115ページ参照）。子供専用なので、親子で一緒にというわけにはいきませんが、子供に楽しんでもらえます。

2- 遊漁券の販売方法

　遊漁券の購入は釣り人の義務であるにも関わらず、不携帯で釣りをする人があとを絶ちません。しかし、実際には購入したくても販売所の位置がわからないというケースがよくあります。また、釣り人が釣り場付近に入る深夜から早朝の時間帯に販売されていないのも現実です。そうした点を踏まえて、遊漁券を購入しやすいシステムを考える必要があります。

【すでに実施されている方法】
①コンビニエンスストアでの販売
　24時間営業のコンビニエンスストアに遊漁券の販売をお願いします。このような例は全国的に多くなりつつあります。
②自動券売機での販売
　遊漁券の自動販売機を設置する漁協も増えています。
③インターネットでの販売
　遊漁券をインターネットで販売するシステムもいくつかの漁協で始められており、今後ニーズが高まってくると予想されます。

【今後考えられる方法】
①時間帯に合わせた遊漁券の設定
　交通網が発達して、釣り場と釣り場の間の距離が短縮されている現在、釣り人の移動実態も変化しています。1日で複数の川を釣り歩いたり、時間帯によって釣り場を変えたりすることが普通になってきました。

　また、家族旅行やバーベキューなどで河原を利用する人たちからは、ほんの数時間だけ釣りを楽しみたいという要望もあります。このような状況に対応するためには、早朝や夕方にだけ有効な遊漁券を用意するなどの工夫をするとよいでしょう。

　その日の午後と翌日の午前に釣りをする人のために、日釣り券の1日分と同じ金額か、それより少し高い額の「当日夕方・翌日早朝券」などの名称の券を設けるという方法もあります。温泉街やキャンプ場のそばを流れる川で、泊まりがけで朝夕だけ釣りをする人にはこのような遊漁券が歓迎されます。

②デザイン性の高い遊漁券
　販売方法の工夫だけでなく、記念やコレクションとして欲しくなるようなデザインを施した遊漁券を考えてみてはいかがでしょう（写真24）。親

しみやすさを伝え、釣り人の自発的な購入意識を高めるために有効です。

③早朝入川券の設置

　漁協が委託する遊漁券販売所に早朝から販売してくれるようにお願いしたり、コンビニエンスストアに販売を委託したり、インターネットで事前購入できるようにするのが難しい場合は、遊漁券販売所や川のところどころに、「早朝入川券」という券を入れた箱を置いたり、券をぶらさげた棒を立てておくという方法があります。

写真24　デザイン性の高い遊漁券
（佐藤成史氏提供）

　この券は遊漁券ではありませんが、この券を持っていた釣り人については、「遊漁券を買う意志はあったが、早朝のため販売所が開いておらず、買えなかった」と認め、現場で遊漁券を販売する際に上乗せ料金を徴収しないのです。こうすることによって、釣り人に漁協の姿勢や取り組みを理解してもらえ、釣り人と漁協の信頼関係を築く一助になると考えられます。

　昔からの慣習にとらわれることなく、時代の流れや地域の特性に注目しながら、効率的に遊漁券を販売する方法を考えましょう。

　ただし、遊漁券の種類をできるだけ少なくして、釣り人が混乱しないようにすることも大切です。

3- 駐車場やトイレの整備

　渓流釣り場の中には、成魚を定期的に放流するという釣り堀的な形態があります。この釣りには「多くの人が釣りをできる」という特徴があり、結構人気があります。このような釣り場では、駐車場やトイレがあると喜ばれます（写真25）。

【駐車場やトイレがある場合の利点】

①人を呼べる

　釣り人の多くは車で来ます。車を止める場所が多い川は、それだけ多くの釣り人を呼ぶことができます。

②遊漁料の徴収が楽になる

　駐車台数から釣り人数の見当がつけられます。さらに釣り人は必ず車に戻ってくるので、監視員はその場所を中心にまわれば効率的に遊漁料の徴収作業ができます。

③女性や子供を呼べる

　放流された成魚は比較的簡単に釣れるので、女性や子供なども一緒に楽しめます。しかし、トイレのないことが女性や子供を釣りから遠ざけている要因のひとつになっているので、トイレを用意すれば女性や子供も来やすくなり、その結果、釣り人の数が増えます。

写真25　河川敷の広いスペースを駐車場として利用した成魚放流釣り（徳原哲也氏提供）
矢印で示したのが仮設トイレ。

④地元の人とのトラブルの軽減

　釣り人の車が農道をふさぐ、釣り人が川に入るために田んぼのあぜ道や畑の畝(うね)が壊れる、野外で排泄をされる、などのトラブルが減ります。

【駐車場を確保する方法】
①河川敷の平らな場所を駐車場として使用する
②河川公園などの既存施設を利用する
③漁協として積極的に駐車場を作る

　以上のおよそ3パターンが考えられます。実際には①と②の場合が多いようです。①や③の場合、場所によっては河川法に抵触するおそれがあります。

　使用や設置が可能かどうかについては、河川管理者（国交省、都道府県、市町村）に相談してください。これはトイレについても同様です。

写真26　「入川口」の看板（徳原哲也氏提供）

【駐車場・トイレ設置の留意点】
①放流場所の近くに駐車場を設ける。または、逆に駐車場の近くに放流するようにすると喜ばれます。
②駐車場の近くに、川への入り口がわかるように看板を立てる（写真26）。この案内看板設置の可否についても河川管理者に相談してください。
③維持管理について、河川管理者や自治体とよく話し合い、使用ルールを決めておく。

　駐車場、トイレともに、実は設置することより維持管理のほうが大変です。組合員の数や釣り人の数、遊漁料収入など、漁協のおかれている状況をよく考えながらできる範囲で設置することが大切です。
　なお、昔ながらの渓流釣りが行なわれている源流部や上流部、支流などには、駐車場やトイレは特に作る必要はないでしょう。

4- 漁協の取り組みを宣伝する方法

　これからは、漁協という組織の透明性や、地域社会の一員としての役割が問われる時代です。遊漁料の決め方や漁協の活動内容について、釣り人や社会に対して積極的に伝えていくべきです。いいかえれば、釣り人から理解と協力を得ることが、漁協の存在と意義を一般社会へ伝えるための最善の方法にもなる、というわけです。そのために、遊漁券の裏などに費用の用途の説明や漁協の活動状況などを記載するのもひとつの方法です。
　ホームページや釣り雑誌などを通して、放流量や最近の釣果（釣れ具合）などの情報紹介、漁協が実施している環境保全や教育活動などの紹介、加えて地元の観光施設などの紹介をすることも大切です。
　逆に、釣り人にアンケートを実施したり意見を自由に投函してもらうような仕組みを、遊漁券販売所やインターネットなどを通して実施することも、釣り人の増加に向けた取り組みの参考になります。
　釣り人の団体や、自然保護やまちづくりなどの団体（例えばNPO法人）との連携も大切です。釣り団体は漁場の監視をしてくれることがあります。また、自然保護やまちづくりなどの団体は河川清掃や教育活動を行なってくれる場合があります。多くの漁協はこのような団体との付き合いが苦手かもしれませんが、連携がうまくいけば、魚や釣り人が増えたり、川がきれいになります。

第2部 渓流魚を守り、楽しい釣り場を作る新しい方策 4章

効果的な放流方法

1- 放流の現状

　全国の渓流釣り場で、イワナ、ヤマメ・アマゴなどが放流されています。放流される魚のほぼすべてが養魚場で生産されたものです。

　日本におけるマス類の養殖の歴史をみると、明治10（1877）年に外来魚であるニジマスの発眼卵がアメリカから移入され養殖されるようになりました。その後、同じく外来魚のカワマスも養殖されるようになりました。ヤマメやアマゴの養殖ができるようになるまで、放流される渓流魚のほとんどがニジマスやカワマスでした。

　昭和40年代にようやくヤマメとアマゴの養殖技術が確立され、50年代になるとイワナも養殖できるようになりました。イワナ、ヤマメ・アマゴの放流が行われるようになり、渓流魚の放流量は昭和期の後半に大きく増加しました。農林水産省の統計資料（漁業センサス）によると、平成15（2003）年の渓流魚の放流量は日本全国で約4,444万尾です。その内訳は、イワナが951万尾、ヤマメが1,682万尾、アマゴが1,297万尾、ニジマスが514万尾です（図15）。

　また、全国の主要な川についてみると、マス類（イワナ、ヤマメ・アマゴだけでなくニジマスも含む）は釣り人ひとり当たり平均22.4尾放流され、平均1.35kg釣られていることになります。

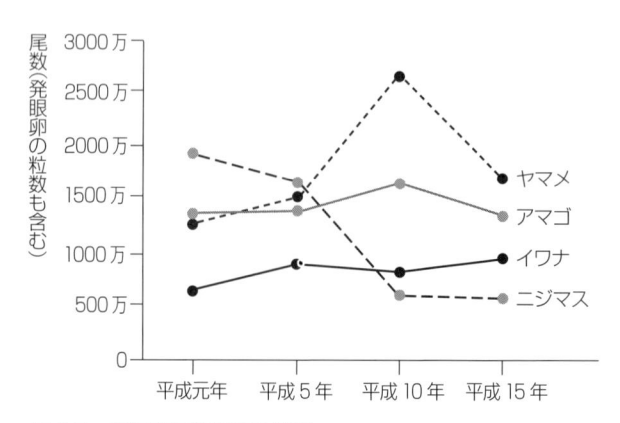

図15　渓流魚の放流数の推移

2- 放流の長所と短所

渓流魚の放流の方法には大きく分けて、発眼卵放流、稚魚放流、成魚放流があります。そして、放流には次のような長所と短所があります。

【長所】
① 魚の種類や数量のコントロール

追加放流をすることで長期間釣れるようにしたり、放流方法を変えることできれいな魚を釣れるようにしたり（発眼卵放流、稚魚放流）、すぐに釣れる釣り場を作れます（成魚放流）。

② 釣り場作り

自然繁殖できなくなった川や、もともと魚が自然繁殖していない川でも、放流を行なうことにより釣り場として活用できるようになります。

【短所】
①天然魚との交配

近年、自然保護や生物多様性（遺伝的多様性）の保全などの観点から、天然魚の保護の重要性が指摘されています。放流しようとする川に天然魚が生息していると、天然魚と放流された魚が交配して、天然魚の遺伝子が変わってしまいます。変わってしまった遺伝子をもとに戻すことは現代の科学でもとても難しいのです。

②自然の稚魚の圧迫

大型の稚魚を放流すると、それより小さい天然魚や野生魚の稚魚は放流された大型の稚魚に「ケンカ」で負けて、その川から追い出されたり、死んでしまったりします。食べられることもあります。

③病気の伝染

放流された魚を通して、天然魚や野生魚に病気が蔓延するおそれがあります。

放流したわりに訪れる釣り人の数が少ないと、赤字になってしまいます。漁協の経営という観点で考えると、放流費用を効率的に回収するためには、遊漁料を徴収しやすい川（釣り人が少ない川よりも多い川、源流よりも監視のしやすい里川）で放流を行なうという方法も考えられます。

3- 放流用の魚の選び方

　放流するのと同じ川や同じ水系の魚をもとに養殖された魚を放流するのが理想です。しかし、そのような魚はなかなか手に入りません。そこで、次のことを最低限守ってください。

【基本的な考え方】

　「イワナの川にはイワナ」、「ヤマメの川にはヤマメ」、「アマゴの川にはアマゴ」というように、その川にもともと生息していたのと同じ種類の魚を放流してください。

　また、イワナの場合は、アメマス、ニッコウイワナ、ヤマトイワナ、ゴギの4つの亜種がありますから、それぞれの亜種の生息地にはそれぞれの亜種を放流してください。

【魚の選び方】

① 放流しようとする川にもともといる魚の種類を調べる

　その川にもともと生息していた魚が、「イワナなのか、ヤマメなのか、アマゴなのか」、イワナの場合は「アメマスなのか、ニッコウイワナなのか、ヤマトイワナなのか、ゴギなのか」を調べます。

② 放流用の魚を探す

　①の調査でわかった種や亜種の魚を養殖している養魚場をいくつも探します。そして、養殖されている魚の由来をたずね、放流しようとする川に地理的に一番近い川の魚をもとに養殖された魚を見つけます。その中でも、できるだけ養殖の継代数の少ない（養殖し始めてからの年数の少ない）魚を選びます。

　また、放流する魚の健康に留意してください。

4- 発眼卵放流の方法

　発眼卵放流は、自然環境の良い川で、ヒレのぴんとしたきれいな魚を増やすのに有効です。一般に放流用の稚魚や成魚は養魚場で高い密度で飼育されます。そうすると泳いでいる間に養魚池の壁にあたったり、魚どうしが触れあって、ヒレが擦れて丸くなったり、なくなったりするのです。発眼卵放流ではこのようなことが起きません。

　また、発眼卵放流由来の魚は生まれた時から自然の川で生息しているので、生き残る力が強かったり、釣れた時の引きが良いと考えられています。

ただし、発眼卵放流は稚魚放流や成魚放流に比べて若干難しいので、はじめて実施する場合は、都道府県の水産試験場などにご相談ください。

【放流河川】

放流するのと同じ種類の魚が生息しており、その魚の産卵や稚魚が見られる川が適しています。これらのことは、放流先の川にその魚の生息場所や餌があるという証拠になります。

また、放流した卵が雨などの増水によって流されたり、流入する土砂で埋まったりしない、水量の安定した水質の良い川に放流しましょう。

【発眼卵の入手方法・運搬方法】

養魚場で購入します。魚種や地域によって異なりますが、値段は1粒当たりおよそ1.8～2.5円です。濡れたタオルやガーゼで包み、クーラーに入れて運びます。

イワナ、ヤマメ・アマゴの産卵期は秋のため、発眼卵の入手時期は10月から1月に限られます。希望する時期に希望する数の発眼卵を入手するためには、8月までに予約するのがよいでしょう。

【放流時期】

放流しようとする川で自然に産み付けられた卵が発眼する頃に放流するのが最適です。発眼する時期は川によって違います。受精してからの積算水温（毎日の平均水温を足していった値）がおよそ300℃で発眼します（例えば、平均水温が10℃の場合30日）。

【放流場所】

自然の産卵床（写真27、図16、口絵写真33～35）と同じような場所

写真27 渓流魚の産卵場所
（手前の場所ではイワナもヤマメも産卵し、奥の岸寄りの場所ではイワナが産卵する。矢印は水の流れ方）

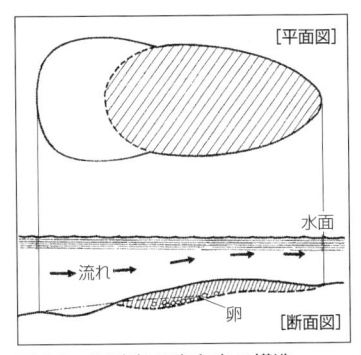

図16 渓流魚の産卵床の構造
（「山本 聡．1991．イワナその生態と釣り．釣り人社」より）

に放流します。イワナ、ヤマメ・アマゴともに、下流に向かって徐々に水深が浅くなっていく淵尻（淵尻のかけあがり）や平瀬にくぼみを掘り、そこに産卵します。イワナはそのような場所だけでなく、淵や瀬の岸寄りの岩や倒木の脇でも産卵します。産卵場所の水深は10～30㎝、流速は毎秒5～30㎝、底質は礫です。

　発眼卵を放流する際に一番注意しなければならないのは底質です。卵は呼吸しているので酸素が必要です。泥や砂の多い川底では、酸素が行き渡らず、卵は死んでしまいます。手の親指のツメくらいからこぶしくらいまでの大きさ（径）の礫が混じっている場所が適しています。

【放流方法】
　容器を使う方法と、卵を直接川底に埋める「直まき」という方法があります。どちらでも魚を増やす効果は変わりません。
　容器を使うと、卵が死んだ場合に白くなった死卵が容器の中に残るので、ふ化がうまくいったかどうか知ることができます。直まきだと、死卵の数がわからないので、ふ化の良し悪しはわかりません。

①**容器を使う場合**
　放流用の容器には、「バイバートボックス（ビベールボックスともいう）」という市販品がありました。しかし、現在では販売されておらず入手できません。このような専用品でなくても、100円ショップで売られている虫かごで十分です（写真28）。スリット（すき間）の幅が3～4㎜の虫かご（幅約15～20㎝、高さ約10～15㎝、奥行き約5～10㎝）で代用できます。すき間が5㎜を越えると、小さな卵はもれ落ちてしまいます。
　自然の産卵床ができるような場所の川底をスコップやジョレンで掘ってくぼみを作り、そこに卵を入れた容器を置き、その上に砂利をかぶせて川底を元どおりにします（図17）。くぼみの深さは容器が隠れて、なおかつその上に5㎝ほど砂利をかぶせられるくらいが適当です。

②**直まきの場合**
　自然の産卵床ができるような場所の川底を10㎝ほど掘ってくぼみを作り、そこに直径（内径）4～5㎝、長さ30～40㎝の塩ビ管（写真28）を突き立てます（図18）。その塩ビ管に卵を流し入れ、卵が塩ビ管の下まで落ちたら、塩ビ管を立てたまま、くぼみを砂利で埋めます。そして、塩ビ管をゆっくり抜きます。

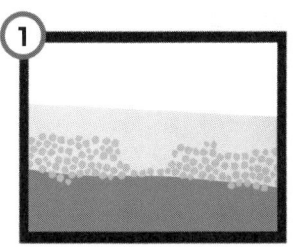

① 川底を掘ってくぼみを作る
1人でもできます。しかし、川は危険が多いので、安全のために最低2人で行ないましょう。放流場所に、ジョレンやスコップを使って、容器がすっぽり入り、その上に5cm程度の余裕ができるくらいのくぼみを掘ります。

② 容器を置く
卵の入った容器をくぼみに置きます。

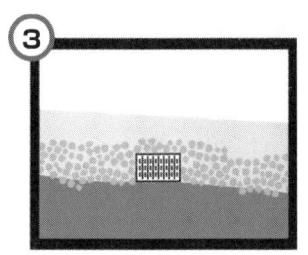

③ 容器を埋める
くぼみを掘った時によけておいた礫を容器の上に軽くかぶせて、川底を元どおりにします。

図17 容器放流の手順
（「水産庁・水産総合研究センター．2008．渓流魚の発眼卵放流の方法（中村智幸編集）」より）

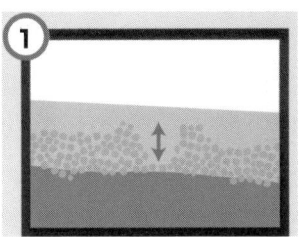

---

① 川底を掘ってくぼみを作る
作業は2人で行ないます。放流場所に、ジョレンやスコップを使って、卵を埋めるための深さ10cm程度のくぼみを掘ります。

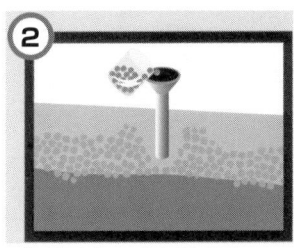

② 塩ビ管を立て、卵を流し込む
塩ビ管をくぼみに立て、卵を流し込みます。卵は軽いので、管の中をゆっくり落ちていきます。

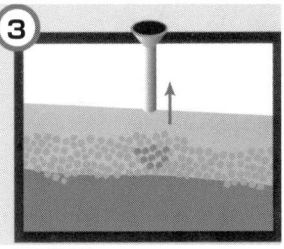

③ 卵を埋める
30秒ほどで卵は下まで落ちます。そうしたら、1人が塩ビ管をゆっくり抜き、くぼみを掘った時によけておいた礫をもう1人が塩ビ管のまわりに集めながら、くぼみを軽く埋め戻します。

図18 直まき の手順
（「水産庁・水産総合研究センター．2008．渓流魚の発眼卵放流の方法（中村智幸編集）」より）

写真28 使用する道具

容器放流の場合

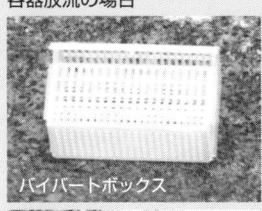

バイバートボックス

虫かご

「バイバートボックス（ビベールボックスともいう）」や虫かごなど。

直まきの場合

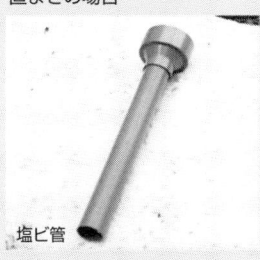

塩ビ管

直径（内径）4～5cm、長さ30～40cmの塩ビ管。「異形ソケット」を管の上に付ける（このソケットが「漏斗（ろうと）」の役割をして、卵を管に流し込みやすい）。

●共通して
卵を運ぶクーラー（発泡スチロール製のものでよい）、卵を包むタオル、卵を塩ビ管や放流容器に入れるための小さなタライ、ジョレンあるいは小型のクワ、スコップ、胴長靴（ウェーダー）、肩くらいまでの長さの少し厚手の防水の手袋（ナイロンやゴム製）。

【放流量】
①容器を使う場合
　虫かごにはたくさんの卵が入ります。しかし、あまりたくさん入れないほうがよいです。卵が死ぬと、死んだ卵からカビが発生します。そして、そのカビがまわりの健康な卵に徐々に移ってたくさんの卵を殺してしまいます。卵の密度が低いほうが、死ぬ卵の数は少なくてすみます。入れる卵は虫かご1個当たり、500〜1,000粒くらいがよいでしょう。

②直まきの場合
　自然の産卵床の卵の数は平均200粒くらいと意外と少ないものです。放流の場合は、自然の産卵床よりも多くて大丈夫です。1カ所当たり500〜1,000粒くらいがよいでしょう。

　いずれの方法の場合も、川の何カ所かに分散して放流してください。
　なお、容器を使う場合も直まきの場合も、放流された渓流魚の発眼卵のふ化率はおよそ90%です。また、発眼卵からふ化までの積算水温は200〜250℃です。

【発眼卵の消毒】
　放流に先立って、伝染性造血器壊死症（IHN）というウィルス性の病気や、せっそう病という細菌性の病気などの予防のために卵を消毒します。

〈卵の消毒〉
放流する川に魚の病気を持ち込まないようにするため、卵と道具を消毒しましょう。
多くの場合、お願いすれば、養魚場で消毒してくれます。
消毒には、発眼卵消毒用のヨード剤を使います。

1 ヨード剤を200倍に薄めます。

水10リットル　ヨード剤50ミリリットル　バケツ

2 その中に卵を15分間漬けます。酸欠防止のため、時々水を手でかき回してください。
15分経ったら卵を取り出し、水ですすいで、タオルに乗せて包み、クーラーに入れて運びます。
卵を消毒後、その液で道具も同じように消毒します

15分

注意！
卵は直射日光にさらされると、紫外線の影響で死んでしまいます。日に当てないようにしましょう。
これは消毒の時も、川で放流する時も同じです。

図19　発眼卵の消毒方法
『水産庁・水産総合研究センター. 2008. 渓流魚の発眼卵放流の方法（中村智幸編集）』より

稚魚や成魚と違って、発眼卵の消毒は比較的簡単にできます。放流に使う道具の消毒はもっと簡単です。卵だけでなく、道具も消毒して、川への病気の持ち込みを予防しましょう。
　卵も道具も消毒には、発眼卵消毒用のヨード剤（商品名：水産用イソジン液または水産用ネオヨジン®液）を使用します（図19）。それらの液を水で200倍に薄め（例えば、液50ミリリットルに対して水10リットル）、その中に卵を15分間漬けます。この時、卵は直射日光にさらされると紫外線の影響で死んでしまうので、直射日光が当たらないように注意します。卵の消毒を終えたあとの液を使って、道具の消毒も行ないます。道具の場合も15分間漬ければ大丈夫です。

5- 稚魚放流の方法

　稚魚放流は、自然環境の良い川で、成魚放流に比べて野性味のあるきれいな魚を増やすのに適しています。

【放流河川】
　放流するのと同じ種類の魚が生息しており、その魚の産卵や稚魚が見られる川が適しています。放流された魚が雨などの増水で流されたりせず、雨が降ってもそれほど濁らない、水量の安定した水質の良い川で行ないましょう。

【稚魚の入手方法・運搬方法】
　養魚場で購入します。値段は1尾当たり2gサイズでおよそ9〜20円、5gサイズでおよそ13〜25円です。水槽と酸素ボンベを積んだトラックで運びます。養魚場にお願いすれば、放流場所まで運んで放流してくれます。運搬費用と放流費用は魚の値段に含まれている場合と別の場合があります。
　おなかに餌が入っている状態で輸送すると、魚の死亡率が高まります。2日間ほど餌止めをしてから輸送されます。
　稚魚の入手時期は3〜7月に限られます。希望する時期に希望する大きさの稚魚を確保するには、1月頃から養魚場に相談するのがよいでしょう。

【放流時期】
　放流しようとする川に放流しようとする大きさの稚魚が見られるようになった頃に放流します。川にいる自然の稚魚より大きな養殖稚魚を放流すると、それらの魚に自然の稚魚がその川から追い出されたり、殺されたり

します。自然の稚魚を大切にしようと思ったら、それより小さい養殖稚魚を放流する必要があります。

放流直後に雨などによる増水があると、放流された稚魚は流されてしまいます。天気や川の状況をよくみて放流日を決めます。

【放流場所】

自然の川では、イワナ、ヤマメ・アマゴの稚魚は、瀬の岸辺の流れの緩やかな浅い場所に生息しています。そのような瀬が比較的長く続くような場所に放流します。淵に放流すると、そこに生息する大きな魚に食べられてしまいます。淵の上流にある瀬に放流しても、放流直後の稚魚は降りますから淵に入って、やはり大きな魚に食べられてしまいます。

【放流方法】

魚は温度の異なる水に急に入れられると、ショック死してしまうことがあります。川に着いたら、水槽で魚を運んで来た場合は水槽の中に川の水を徐々に入れ、ビニール袋で運んで来た場合はビニール袋のまま川に入れて、運んできた水と川の水との温度差が3℃以内になるようにしてください。

放流魚はなかなか分散しないので、できるだけ多くの場所に分けて放流しましょう。

【放流量】

魚の生息密度は、川に存在する餌の量などによって決まります。放流量が多すぎると、成長が悪化します。ちなみに、一般的なイワナ、ヤマメ・アマゴの天然魚や野生魚の稚魚の密度は、水表面積1〜2㎡に約1尾です。この値を参考に放流量を決めるのがよいでしょう。詳しくは75〜76ページを参照してください。

【放流魚の健康度】

健康度のチェックも重要です。健康で姿かたちの良い魚を放流することは漁協の評判を高めます。

写真29　子供たちによる稚魚放流

6- 成魚放流の方法

　成魚放流は、自然繁殖が望めない川に、すぐ釣れる釣り場を作るのに適しています。

【放流河川】

　自然繁殖が期待できなかったり、発眼卵放流や稚魚放流に失敗したり、漁期の前半に釣られすぎて魚が減ってしまった川が対象になります。同じ種類の魚が生息していることが大前提です。放流した魚が雨などの増水で流されたりせず、雨が降ってもそれほど濁らない、水量が安定した水質の良い川が適しています。

【成魚の入手方法・運搬方法】

　養魚場で購入します。値段は10gサイズで1尾当たりおよそ18～25円、50g以上のサイズで1kg当たりおよそ1,000～1,800円です。水槽と酸素ボンベを積んだトラックで運びます。養魚場にお願いすれば、放流場所まで運んで放流してくれます。運搬費用と放流費用は魚の値段に含まれている場合と別の場合があります。

　おなかに餌が入っている状態で輸送すると、魚の死亡率が高まります。2日間ほど餌止めをしてから輸送されます。

　希望する時期に希望する大きさの魚を確保するためには、早めの予約が必要です。

【放流時期】

　ヤマメやアマゴでは、秋から春にかけて、海に降る性質を持った魚が現れます。体が銀色に光って見える魚で、銀毛やスモルトと呼ばれます（口絵13）。このような魚は、放流してもすぐに降ってしまいます。銀毛率（スモルト率）の少ない系統の魚を選んで放流するのもひとつの方法です。また、銀毛率が高まる時期（秋～春）の放流をできるだけ避けるのがよいでしょう。

　放流直後に雨などによる増水があると、放流された魚は流されてしまいます。天気や川の状況をよくみて放流日を決めます。

【放流場所】

　大きくて深い淵が放流に適しています。

【放流方法】

　稚魚と同様に、成魚も温度の異なる水に急に入れられると、ショック死

写真30　成魚放流

してしまうことがあります。川に着いたら、水槽で魚を運んで来た場合は水槽の中に川の水を徐々に入れ、ビニール袋で運んで来た場合はビニール袋のまま川に入れて、運んできた水と川の水との温度差が3℃以内になるようにしてください。

　放流魚はなかなか分散しないので、できるだけ多くの場所に分けて放流しましょう。

【放流量】

　魚の密度は川の餌の量などによって決まります。放流量が多すぎると、成長が悪化します。一般的な川におけるイワナ、ヤマメ・アマゴの成魚の密度は、5〜20㎡に約1尾です。この値を参考に放流量を決めるのがよいでしょう。

【放流魚の健康度】

　健康度のチェックも重要です。健康で姿かたちの良い魚を放流することは漁協の評判を高めます。

7- イベント用の成魚放流の方法

写真31　イベントの釣り（釣り大会）

　川に成魚を放流して釣らせる、いわゆる成魚放流釣りはニジマス中心のイベントでした。しかし、最近ではイワナ、ヤマメ・アマゴでも盛んです。成魚放流は稚魚放流より経費や手間がかかるので、より一層効率的に行なうことが必要です。

　次のことに注意を払いながら自分の漁場にあった方法を工夫してみてください。

【情報発信】

　成魚釣りは短期回収の釣りです。ひとりでも多くの釣り人を集めることが大切なので、放流場所や放流日、放流時間を事前に告知しましょう。ホームページを作成し、情報を掲載するのも有力な手段です。渓流釣りは比較的高齢の釣り人が多いのですが、そのような釣り人も結構こまめにインターネット上で情報を見ています。

【場所の選定】

　イベントの開催場所も大切です。大きい川に少ない参加者では釣り残しが多くて無駄が生じます。逆に、小さい川に多い参加者では魚が驚いて短時間で釣れなくなってしまいます。参加人数と放流量を考えて適切な場所を選定しましょう。また、より多くの人に楽しんでもらうため、駐車スペースを十分に確保しましょう。

【放流方法】

① 放流された成魚は放流当日に最も多く釣られます。イベント用の放流の場合は、当日に放流するのがよいです。何日か連続して行なうイベントならば、初日にすべての魚を放流するのではなく、その期間中に何回かに分けて放流するのがよいでしょう。

② 放流された成魚は数日間、放流地点から大きく移動しない場合が多いので、釣り人がいる場所で放流を行なってください。

③ 増水すると、放流された成魚は降ってしまうので、増水時には放流しないようにしましょう。不運にも当日が増水の場合はイベントを延期する英断も必要です。あらかじめ、「雨天延期」などの情報を明確に出しておくとトラブルも少なくてすみます。

8- 稚魚の放流数や放流量の求め方

　生息できる魚の限界の量がその川の環境収容量です。そして、環境収容量からすでに生息している魚（先住魚）の生息量を差し引いたものが限界放流量になります。環境収容量、限界放流量ともに、尾数や匹数といった個体数ではなく、魚の体重を足した重量で計算します。

　環境収容量は川によって大きく異なります。おもに餌の量や水温、水量、水質などに影響されます。十分な量の餌がなければ、成長も悪く、歩留まり（生残率）も低下します。水温が低かったり、水量が少なかったり、水質が悪い場合も同様です。

また、先住魚と放流された魚との間で餌をめぐる競合が起きます。放流された稚魚が先住の成魚の餌になってしまうこともあります。
　前述のように、限界放流量はその川の環境収容量から先住魚の生息量を引いたものですが、環境収容量や先住魚の生息量を知るにはきちんとした調査が必要であり、そのような調査を行なうことは実際にはなかなか難しいです。
　過去に行なわれた研究の結果がいくつかあります。それらをみると、稚魚放流について次のような見解が示されています。

先住の0歳魚の生息密度に放流魚の密度を加えたものが、
①福島県のある川でのイワナでは、水表面積1㎡当たり2.2～2.6gになるようにする。
②埼玉県のある川のイワナとヤマメでは、1㎡当たり10g以下になるようにする。
③東京都のある川のヤマメでは、1㎡当たり3g以下になるようにする。

　例えば、流れ幅の平均が10m、距離が4km（4,000m）、先住の0歳魚の密度が1㎡当たり1gであった場合、放流後の生息密度を1㎡当たり3gにする放流量は次のようになります。

　　10m × 4,000m ×（3g － 1g）= 80,000g

　つまり、2gの稚魚ならば、80,000g÷2g = 40,000尾、5gの稚魚ならば、80,000g÷5g = 16,000尾となります。
　ただし、前述のように、環境収容量や先住魚の生息量は川ごとに異なるので、上記の例を参考に、何回か量を変えて放流して、より良い放流量を経験的に見つけ出す必要があります。
　発眼卵放流と成魚放流については、残念ながら稚魚放流のような研究知見がありません。仮に知見があったとしても、適正な放流量は川によって違います。今までの経験をもとに、その川に合った放流量を見つけてください。

9- 川や魚の状況に応じた放流方法

　今まで述べてきたことをまとめました。図20と口絵28を参考に放流を行ってください。

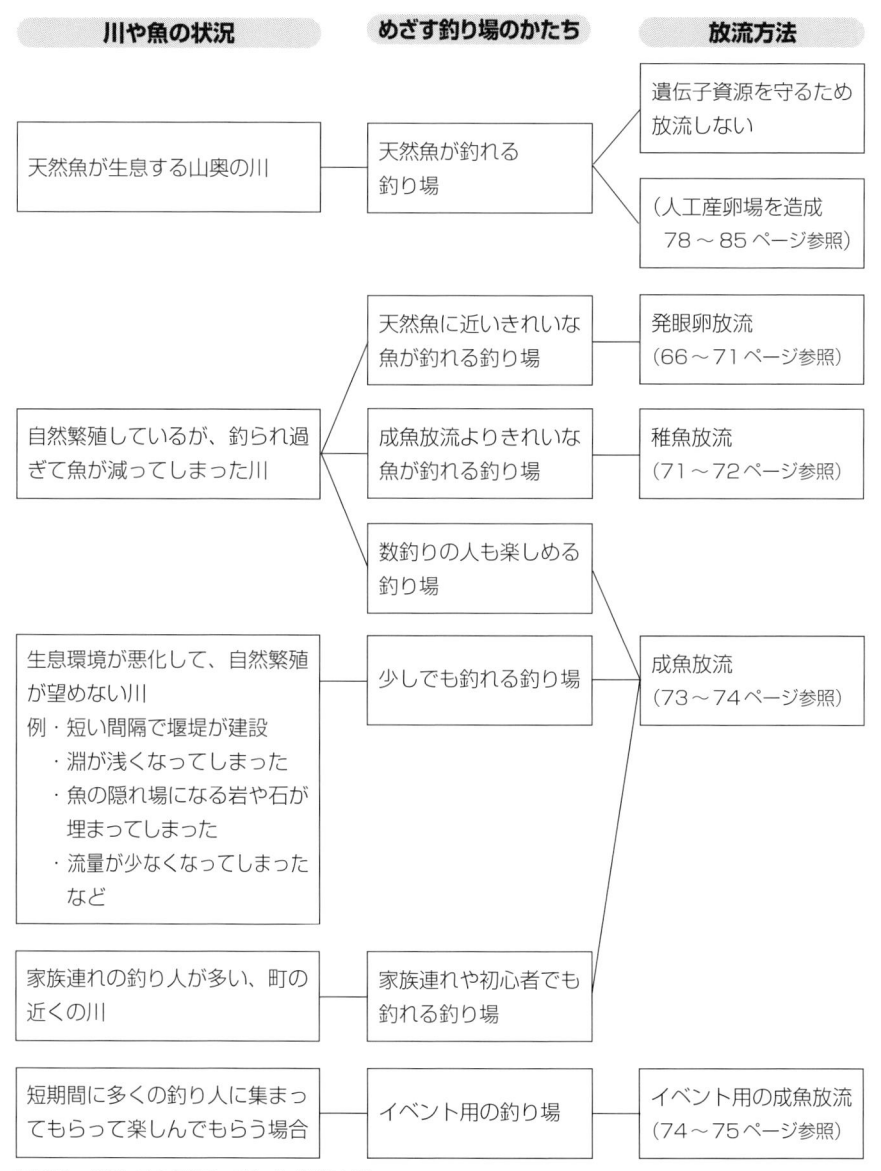

川や魚の状況	めざす釣り場のかたち	放流方法
天然魚が生息する山奥の川	天然魚が釣れる釣り場	遺伝子資源を守るため放流しない／（人工産卵場を造成 78〜85ページ参照）
自然繁殖しているが、釣られ過ぎて魚が減ってしまった川	天然魚に近いきれいな魚が釣れる釣り場	発眼卵放流（66〜71ページ参照）
	成魚放流よりきれいな魚が釣れる釣り場	稚魚放流（71〜72ページ参照）
	数釣りの人も楽しめる釣り場	成魚放流（73〜74ページ参照）
生息環境が悪化して、自然繁殖が望めない川 例・短い間隔で堰堤が建設 　・淵が浅くなってしまった 　・魚の隠れ場になる岩や石が埋まってしまった 　・流量が少なくなってしまった 　など	少しでも釣れる釣り場	
家族連れの釣り人が多い、町の近くの川	家族連れや初心者でも釣れる釣り場	
短期間に多くの釣り人に集まってもらって楽しんでもらう場合	イベント用の釣り場	イベント用の成魚放流（74〜75ページ参照）

図20　川や魚の状況に応じた放流方法

第2部 渓流魚を守り、楽しい釣り場を作る新しい方策 ⑤章

人工産卵場の作り方

1- 造成方法

　漁業法に基づいて漁協が課せられた増殖義務の履行方法はおもに放流と人工産卵場の造成です。渓流魚の人工産卵場の造成技術はすでに開発されています（写真32、口絵36〜38）。人工産卵場を造成することによって、自然繁殖で魚を増やすことができます。また、人工産卵場は機械を使わず、自然の材料だけで、少人数で作れます。

【造成時期】
　産卵期の少し前か、産卵期が始まってすぐに造成するのがよいでしょう。イワナやヤマメ・アマゴの産卵期は地域によって違いますが、およそ紅葉の時期と一致しています。一般に、紅葉が始まる頃にヤマメ・アマゴの産卵が始まり、紅葉のピーク頃にイワナの産卵が始まります。

写真32　渓流魚の人工産卵場

　また、秋雨が終わってから造成するのが無難です。そうすることにより秋雨による増水でせっかく造成した産卵場が流されずにすみます。

【造成に適した川】
　人工産卵場は基本的に手作業で造成するので、それほど大きな川には作れません。流れ幅が3mを下回る川に造成するのがよいでしょう。流れ幅が3mを超える川については、その川に流入する支流を探して、そこに造成しましょう。
　次のような川や場所に造成すると増殖の効果があります（図21）。

①本流との合流点から最初の堰堤やダムまでの距離が短い支流の、その堰

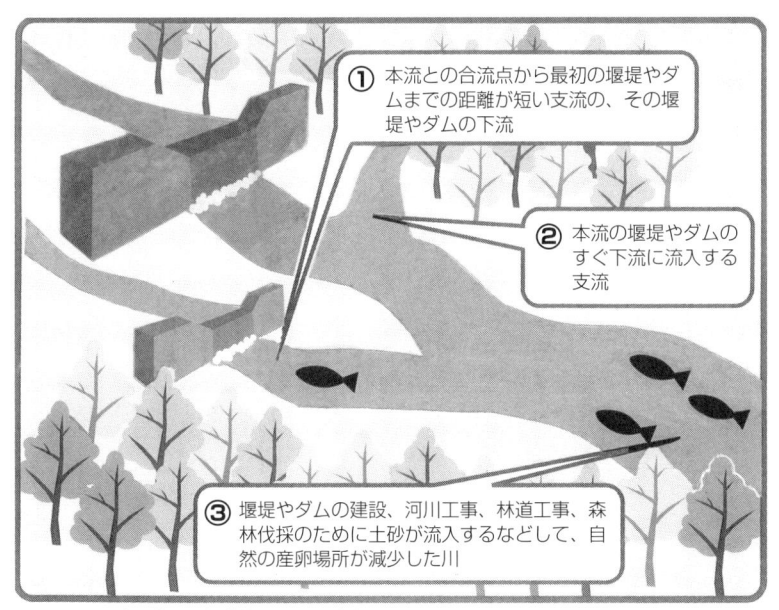

図21 人工産卵場の造成効果のある川
(「水産庁・水産総合研究センター.2008.渓流魚の人工産卵場のつくり方（中村智幸編集）」より)

堤・ダムの下流
②本流の堰堤やダムのすぐ下流に流入する支流
③堰堤やダムの建設、河川工事、林道工事、森林の伐採のために土砂が流入するなどして、自然の産卵場所が減ってしまった川

　イワナ、ヤマメ・アマゴには、支流に遡上して産卵する性質があります。しかし、多くの支流には堰堤やダムが建設されています。しかも、そのほとんどに魚道が付けられていません。本流からそのような堰堤・ダムのある支流にたくさんの魚が遡上しても、遡上できる距離が短いため、産卵に適した場所はそれほど多くありません。そのため、そのような堰堤・ダムの下流では、同じ産卵場所で複数のペアが産卵してしまいます。このような現象を「重複産卵」といいます。重複産卵が起きると、前に産み付けられた卵は流されたり傷付けられたりして死んでしまいます。そこで、短い距離であっても、より多くのペアが分散して産卵できるように、①のような場所に人工産卵場を造成します。

　また、魚道のない堰堤やダムは本流にもあります。本流を遡上してきた魚はそのような堰堤・ダムで遡上を止められます。そうすると、魚は降り

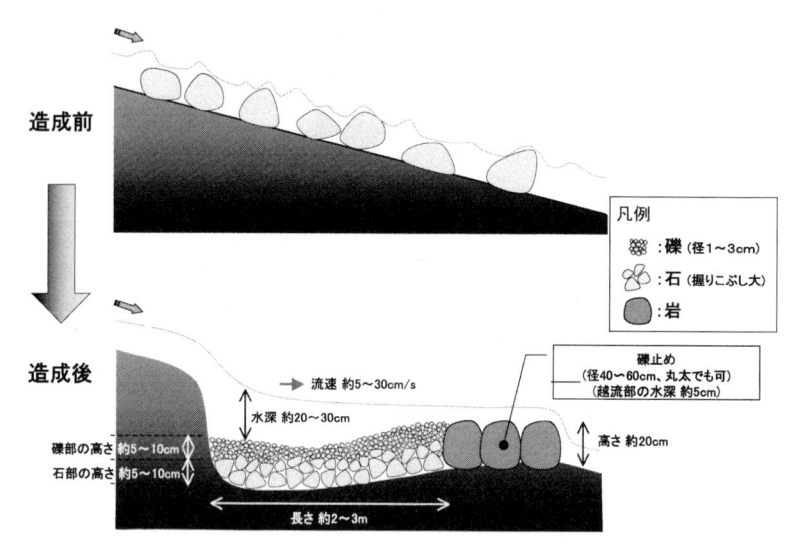

図22 人工産卵場の構造

ながら堰堤・ダムの下流に流入する支流に遡上しようとします。このような支流にはたくさんの魚が集まるので、重複産卵が起きやすくなります。そこで②のような支流に人工産卵場を造成します。

③のような川に人工産卵場を造成する理由は明らかでしょう。

【道具】

造成に必要な道具は、ジョレン、スコップ、金属製の容量10リットルのバケツ、ツルハシ、バール、麻ひも、ノコギリ、ナタ、メジャーなどです。すべて金物店やホームセンターで買えます。

【造成の手順】

人工産卵場の構造は図22のとおりです。この図では、産卵場を横から見ています。淵尻や勾配の緩やかな早瀬、平瀬が造成に適しています。そのような場所に、長さが2～3mの人工産卵場を自然の産卵場（口絵33～35）を模して造成します。

造成手順は次のとおりです（図23）。

① 大きな石をよける。この時、ツルハシやバールがあると、「てこの原理」で少し楽に石をよけることができる。
② 石をよけたら、水深が20～40cmになるように、ジョレンやスコップ、ツルハシで少し川底を掘り下げる。

③川底の掘り下げが終わったら、その下流に川を横断するように大きめの石を置く。これらの石は、のちほどその上流側に敷く産卵用の「礫」の「止め」の役割をする。この「礫止めの石」は大人が二人で持ち上げられるくらいの大きさがよい。小さいと、増水した時に流されてしまう。この「礫止めの石」を、川を横断して1列に置く。そしてそれらが流されないように、その下流にも石を複雑に組み合わせるようにして2～3列置く。

この作業の手を抜くと、せっかく造成した産卵場がその後の雨による増水などで流さ

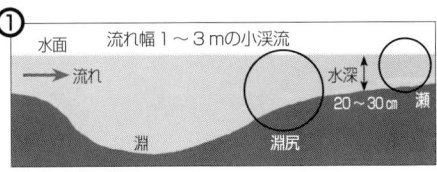

① 造成場所を選ぶ
流れ幅が1～3mの小渓流の、水面が波立たない程度の流速で、水深が20～30cmの淵尻や瀬に造成する。

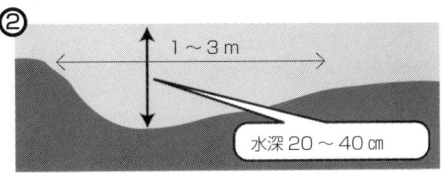

② 水深20～40cmになるよう川底を掘り下げる
流れ幅が1m程度の場合は水深20～30cm、3m程度の場合は30～40cmになるように1～3mの長さで上流側を深めに掘り下げる。大きな石はバールやツルハシで除く。

③ 下流側に「礫止め」を置く
下流側に、この後に敷く基礎の石や礫が流されないようにするための大きめの石を、川を横断するように2～3列に置く。

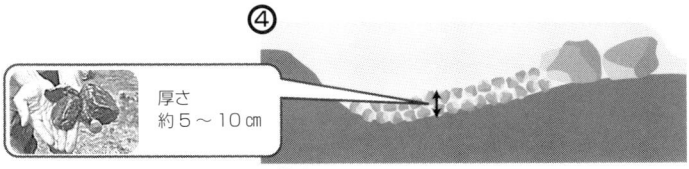

④ こぶし大の石を1～2層に敷く
大人のこぶし大の石を1～2層敷く。石の間を水が通り抜けて流れ、卵に酸素が供給されるよう、少しすき間ができるように置く。川底を深く掘り下げられないときは、1層ないしはこぶし大の石はなくてもよい。

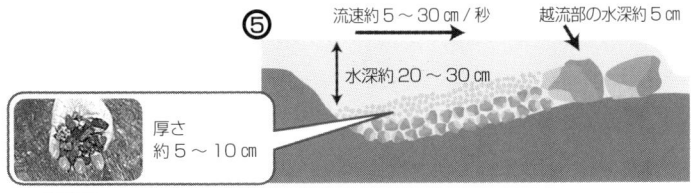

⑤ 完成!!
長径1～3cmの礫を厚さ5～10cmに敷く。水深が上流側で約20～30cm、下流側（越流部）で約5cmと、下流に向かって徐々に浅くなるようにする。

図23 人工産卵場の造成の手順　（「水産庁・水産総合研究センター．2008．渓流魚の人工産卵場のつくり方（中村智幸編集）」より）

れてしまう。

　石の代わりに丸太を「礫止め」に使用するという方法もある。丸太を使用する場合は、丸太の両端の下流側・上流側・上に大きな石をたくさん置いて、丸太を固定する。丸太と石を麻ひもでしばるとなおよい。

　ただし、川によっては、ほどよい太さや長さの丸太がないことがある。また、丸太を使用すると、いかにも人が造成したという雰囲気があり、達成感はあるが、景観的に少し違和感がある。これらのことから、石を使用するのがよい。

④「礫止め」の石や丸太を固定したら、「礫止め」の上流側の先ほど掘り下げた川底に、こぶしくらいの大きさの石を敷く。この時、石をがちがちに組み合わせず、少し余裕をもってすき間ができるように置く。水の透過性を良くするためである。このこぶしくらいの大きさの石は、いわば産卵場の「基礎」にあたる。この基礎は、できれば石を二つ重ねた2段構造が理想であるが、川が小規模な場合はそれほど深く掘り下げられないので、その場合は1段でもよい。場合によってはなくてもよい。

⑤イワナやヤマメ・アマゴは川底の礫を掘って産卵する。そこで、先ほど置いた「基礎」の石の上に、細かい「礫」を敷く。長径が1～3cmの礫がちょうどよい。このような「礫」を金バケツで運び、適当に混ぜて、厚さが5～10cmになるように「基礎」の石の上に敷く。水の透過性をよくするため、泥や砂をできるだけ入れないようにする。

　イワナやヤマメ・アマゴの産卵場所の水深は10～30cm、流速は毎秒5～30cmであり、下流に向かって徐々に水深が浅くなり、流れが早くなる場所が好まれる。「淵尻のかけあがり」のような場所である。そこで、「礫」を敷く際には、上流から「礫止め」の石や丸太に向かって徐々に水深が浅くなるようにする。具体的には、「礫」を敷いたあとの産卵場の上流端の水深を20～30cmとする。そして、そこから下流に向かって徐々に水深が浅くなるようにし、「礫止め」の上（越流部）の水深が約5cmになるようにする。

　造成方法の概要は以上のとおりですが、川の形などによって適宜変えてください。最初は上記のように造成し、産卵を何例か観察すれば、どの程度手を抜いても大丈夫か、どのような形状でも大丈夫かわかってきます。一度造成してみれば、それほど難しくないことがわかります。

2- 造成の留意点

次のことに注意すると、より良い産卵場を造成できます。
【造成時】
①支流内に分散して複数造成する。そうすることによりペアを分散させることができ、ケンカなどせずに産卵させられる。また、分散して造成しておけば、雨による増水などの時に一度に全部流されたりせずにすむ。
②「礫止め」の石や丸太の上を水が越えて流れるが、この「礫止め」をあまり高くすると、水量が減少した時に水が「礫止め」の下を流れるようになってしまう。そうなると、産卵場が干上がったり、魚の移動が阻害されてしまう。そうならないよう、水量の減少を見越して「礫止め」の高さを決める。
③「礫止め」の石の頭が水面上に出ていると、流れてきた落ち葉がそこにひっかかる。それがもとになってますます落ち葉がひっかかると、その上流の流速が遅くなったり、水深が深くなったりして、産卵場所として機能しなくなる。「礫止め」に石を使用する時には完全に水没させる。
④産卵場に敷く「礫」を購入するという方法がある。購入した礫が砕石、つまり大きな石を人工的に砕いて作ったものだと、魚が産卵床を掘る時にヒレが傷付いてしまう。砕石は避けたほうがよい。

【造成後】
①秋の深まりとともに、多くの川で流量が減少する。流量の変化に合わせて、水深や流速を産卵に適したように時々修正する。
②落ち葉が産卵場に溜まったら取り除く。
③造成した産卵場の数や面積のわりに数多くのペアが集まると、人工産卵場の上で重複産卵が起きてしまう。そこで重複産卵を避けるために、次のことを行なう。1～数日おきに産卵場に行って、産卵が行なわれたかどうか確認する。産卵が行なわれた場所は、くぼんでいたり、礫がよけられていて不自然なのでわかりやすい。そのような場所があったら、その上に手のひらよりも少し大きめの平らな石を乗せて、産卵できないようにする。こうすることにより、魚はそこを避けて、同じ産卵場の中の違う場所や、違う産卵場に行って産卵する。

川によっては、河川管理者（国交省、都道府県、市町村）に届けを提

出したり、許可を得る必要があります。造成する際には、河川管理者に相談してください。

詳しい造成方法のわかる映像ソフト（ビデオやＤＶＤ）が2編あります。独立行政法人水産総合研究センター中央水産研究所内水面研究部と全国内水面漁業協同組合連合会が無料で貸し出しています。

3- 人工産卵河川

人工産卵場の発展型として、人工産卵河川があります（写真33）。人工産卵河川とは、魚の産卵のために作られた人工の川です。渓流魚の人工産卵河川は、自然の渓流に流れ込むように人工的な小渓流を作り、そこに人工産卵場を造成して、自然に遡上してきた魚に産卵させてあげるというものです。

図24のように魚道がなく、水面落差が大きすぎる（高すぎる）などの理由で魚道を作るのが難しい堰堤やダムの下流に作ると増殖の効果があります。産卵場所を求めて遡上してきた魚が、そのような堰堤・ダムで遡上を止められて、代わりの川として遡るからです。

堰堤・ダムの下手の河原の1段上の段丘に、本流や支流から水を引いて川を作ります。段丘の上に作ると、本流が増水しても流されずにすむのです。その段丘に林があるとなおよいです。林の中を縫うように川を作れば、木陰のおかげで水温の上昇が抑えられます。また、魚の餌になる虫が木から落ちてきます。

人工産卵河川の距離は長いのに越したことはありませんが、100 m程度でも大丈夫です。川幅は1～3 m、水深は深いところで30 cmあれば十分です。あまり流量が多くて水深の深い川を作ると、成魚が生息するようになり、生まれた稚魚を食べてしまいます。流量の目標は毎秒最低20リットルです。

このようにして作った人工河川に人工産卵場を造成します。

漁協や釣り人が河川管理者（国交省や都道府県、市町村）、電力会社などにお願いして作ってもらいます。漁協が河川管理者などに申請して、自分たちで作ることもできます。

詳しい造成方法については、岐阜県の高原川漁協と国土交通省北陸地方整備局神通川水系砂防事務所が協力して作成したマニュアル「渓流魚の人工産卵河川のつくり方」をご覧ください。

写真 33
造成された人工産卵河川
（奥に見える白い壁が堰堤）

Step 1　人工産卵河川を造成する場所を選ぶ
●魚道のない（魚道の設置が難しい）堰堤の下流側
●堰堤下流側に増水しても水が乗らない低位段丘面がある
●堰堤下流側の低位段丘面に渓畔林が成立している

Step 2
①川を設計する
・人工産卵河川の長さ：できるだけ長く
　　　　　　　　　（100 m程度でも可）
・流れ幅：1～3m　河床勾配：1/10～1/5

②導水する
・沢水、湧水、本流の伏流水、本流水などをパイプなどを使って持ってくる。
・流量の目標　最低毎秒20リットル

本流からの導水
沢水からの導水
湧き水の利用

！ どのような水を導水するか
渓流魚は本流と違う水を水温やにおいなどで判別して遡上します。遡上と産卵を促すためにも、できるだけ本流水の他に沢水、湧水、本流の伏流水など多くの系統の水を導水しましょう。

！ どのような場所に人工産卵河川を作るか
●増水の影響を受けない場所
洪水などによる崩壊や濁水の流入を防ぐためにも、本流から段差のある低位段丘面などが人工産卵河川の造成場所に適しています。低位段丘面は土壌が安定していることから渓畔林が生育していることも人工産卵河川を造成するのに適しています。
●渓畔林の効果
渓畔林は稚魚や親魚への餌の供給や夏季の水温上昇の防止など多くの役割を担っています。人工産卵河川の造成場所選定の条件のひとつとして重要です。

図 24　人工産卵河川の作り方の概要
（「高原川漁協・神通川水系砂防事務所．2007．渓流魚の人工産卵河川のつくり方（中村智幸他編集）」より）

第2部 渓流魚を守り、楽しい釣り場を作る新しい方策 6章

渓流魚の調査方法

　魚を増やす努力をしたり、釣り人に来てもらう工夫をした時に、その効果があったのかどうか漁協のみなさんは知りたいのではないでしょうか。また、釣り人も自分たちで努力した結果、魚が増えたか知りたいでしょう。効果の検証を行なえば、次に何をすればよいかが見えてきます。

　これから紹介する調査はどれも簡単にできるわけではありません。時間もかかります。しかし、漁協や釣り人でできないわけではありません。詳しい調査方法を知りたい時には、都道府県の水産試験場などにご相談ください。調査を行なえる人数や日数、予算に応じた調査方法を教えてもらえます。

1- 魚の生息数

　みなさんが一番知りたいこと、それは生息している魚の数でしょう。次の方法で魚の生息数を知ることができます。

①標識再捕法

　魚の生息数を知りたい区間を決めてそこで釣りをします。釣れた魚の数が多いほど、より高い精度で生息数を推定できます。釣りの上手な人たちに協力してもらいましょう。投網で捕るという方法もありますが、渓流には魚が隠れる石がたくさんあるなどして環境が複雑なため、投網よりも釣りのほうが効率的に魚を捕れます

　釣れた魚に標識を付けて川に戻します。この時、戻した魚（標識放流魚）の数を記録しておきます。標識として一番簡単なものはヒレの切除です。切ってもあまり魚にダメージのない脂ビレ（24ページの写真4参照）を切るのがよいでしょう。

　1～数日後にまた同じ区間で釣りをします。そうすると、釣れた魚の中に、1回目の調査時に標識放流され今回（2回目の調査時）再び捕れた魚（再捕魚）と、今回はじめて捕れた魚がいるはずです。そこで、2回目の調査で釣れた魚の総数とその中の再捕魚の数をかぞえます。

それらの数を次の式にあてはめると、1回目の調査時点でその区間に生息していた魚の数を推定できます。

推定生息個体数＝1回目の調査時の標識放流数×2回目の調査時の総採捕数÷2回目の調査時に釣れた1回目の標識放流魚数（再捕魚数）

この方法で数十～数百メートルの区間を調査して生息数を求め、その数をその川全体の距離の分だけ引き延ばせば、川全体の魚の生息数を推定できます。例えば、調査区間の距離が100mで、その川全体の距離が1kmの場合は、100mつまり0.1kmは1kmの10分の1なので、調査区間で求められた生息数を10倍するのです。ただしこの方法では、調査区間と同じ密度で川全体に魚が生息しているということが前提になります。

②潜水観察法

川に潜って、魚の数をかぞえるという方法です。魚に気付かれないように下流からゆっくり潜水観察すれば、高い割合で魚を見つけられます。川幅が広い場合には、観察する幅を各人に割り当てた上でその人数で横一列になって潜ります。

標識再捕法の場合と同様に、数十～数百メートルの区間を潜って魚の数をかぞえ、その数をその川全体の距離分に引き延ばして川全体の魚の生息数を推定します。

ただし、潜水観察ではすべての魚を見つけられるわけではありません。幅が広く、深い川ほど見つけられる魚の割合は低くなります。また、潜る人の技量によって見つけられる割合は違ってきます。しかし、例えば、毎年同じ時期に、同じ区間を、同じ人（あるいはメンバー）がこの調査を行なえば、誤差を小さく抑えられ、生息数の年変化を知ることができます。

①の標識再捕法では生息数の絶対値（実際に生息している魚の数）を推定するのに対して、潜水観察法では生息数の相対値（例えば、調査をはじめて行なった年の観察数を100とした時の、その後の年変化）がわかります。

③釣獲法

釣りに行くたびに、釣りをした時間と釣れた魚の数を記録します。1人分のデータでは信頼性が低いので、数人から数十人の漁協の組合員や釣り人に日誌を預けて記録を付けてもらいます。そして、釣りに行った回ごと

の釣れた魚の数を、釣りをした時間で割って、1時間当たりの釣獲数を求めます。この値をもとに、月ごとや年ごとの釣獲数の平均値を求めます。こうして求められた値は、潜水観察法と同様に生息数の相対値になります。

2- 釣り人の数

釣り人がどのくらい来たか、漁協として気になるところです。

釣り人数の動向は遊漁券の販売枚数をかぞえればわかります。多くの漁協で、遊漁券には年券と日券があります。それらをそれぞれ足して、年券の総販売枚数と日券の総販売枚数を求めます。この作業を月ごとや年ごとに行ないます。そして、横軸に月や年、縦軸に販売枚数をとって折れ線グラフを作れば、釣り人の数が増えてきたのか減ってきたのか、ひと目でわかります。

漁協の事務所にこのようなグラフを貼ることをおすすめします。

3- 漁獲量

釣られた魚の数も気になるところです。特に漁協にとっては、とても知りたいことのひとつでしょう。このことを調査する方法もあります。

前述の「魚の生息数」の「③釣獲法」と同じデータを集めます。漁協の組合員だけではなく、釣り人のデータも必要です。このデータと組合員の中の釣り人の数および一般の釣り人が買った遊漁券の枚数を組み合わせて解析することによって、漁獲量を推定できます。

渓流魚ではありませんが、アユについてその事例があります。栃木県の那珂川では、平成6（1994）年以来、釣りで捕られたアユの数を栃木県水産試験場が毎年推定しています。データとして、漁獲日誌に書かれた釣行ごとの釣獲数、組合員の中の釣り人数、遊漁券の販売枚数を使っています。これらのデータをある計算式に入力すると、その年に釣られたアユの数が求められます。この方法を渓流魚に応用するわけです。詳しい方法は栃木県水産試験場にお聞きください。

4- 育ち具合（成長）

釣れた魚の体の大きさを計測します。大きさには、長さ（全長）と重さ（体重）があります。長さはものさしで、体重ははかりでそれぞれ計りま

す。全長とは、口の先端から尾ビレの後端までの長さです。体重の計測には、デジタル表示で1gの単位まで計れるはかりを使うのがよいでしょう。

　できるだけたくさんの魚の全長や体重を計って、その平均値を求めます。そして、例えば、同じ川についてこの調査を毎月行なえば、月ごとの成長の様子がわかります。また、同じ川について、毎年同じ月にこの調査を行なえば、年による成長の違いがわかります。同じ月に複数の川でこの調査を行ない、川の間で比較すれば、川による成長の違いがわかります。

5- 放流効果

　放流した魚がきちんと生きているのか、成長しているのか、釣られているのか、気になります。

　放流しようとする魚の脂ビレを切って、それを標識として川に放します。そうすれば、釣れた時に放流魚かどうかわかります。

　違う養魚場の魚や、同じ養魚場でも違う飼い方をした魚の放流後の動向（生残、成長、釣れ具合など）を比較する時は、魚の系統ごとに標識を変えます。標識として切除するのは脂ビレ以外に、腹ビレ（腹の真ん中にあるヒレ）が魚へのダメージが少なくてよいでしょう。腹ビレは左右に1枚ずつあります。脂ビレを合わせて3通りの標識ができます（脂ビレ切除、右腹ビレ切除、左腹ビレ切除）。また、切除するヒレを組み合わせれば、合計7通りに分けられます（前述の3通りの他に、脂ビレと右腹ビレ切除、脂ビレと左腹ビレ切除、右腹ビレと左腹ビレ切除、脂ビレ・右腹ビレ・左腹ビレ切除）。

6- 自然産卵

　魚が自然繁殖しているかどうかも知りたいでしょう。産卵床があるのか、春に稚魚がいるのか、小型の魚が釣れるのかどうかで自然繁殖の状況がわかります。

　産卵床が形成される場所や産卵床の構造は67ページの写真27と図16のとおりです。口絵33～35も参照してください。産卵床は長径がおよそ30cmから1.5mの円形や楕円形です。魚が川底にくぼみを掘って作るため、産卵期である秋（9～11月）に川底にそのような不自然な痕跡が残ります。はじめは見つけるのが難しいですが、慣れてくるとわりとよく見つけられるようになります。

図25　釣った魚の全長組成

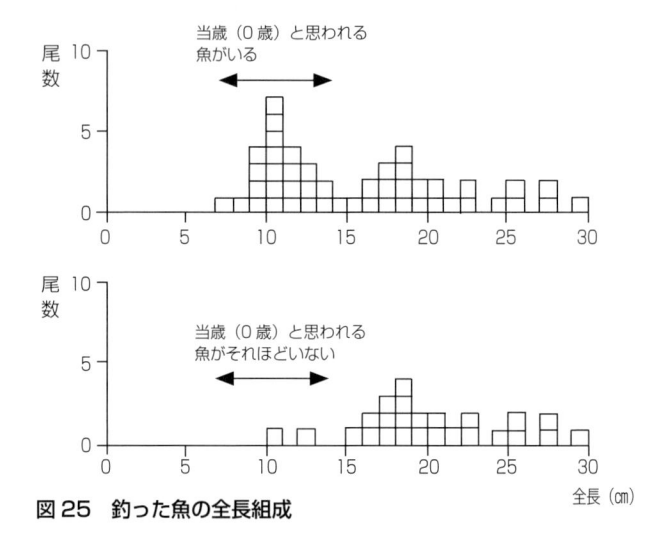

　稚魚は春（2〜5月）に産卵床から泳ぎ出します。泳ぎ始めた直後の稚魚の全長は2〜3cmです。稚魚は体が小さくて遊泳能力も低いため、水深が浅く（およそ30cm以下）、流れのほとんどない岸辺や岸辺のワンドに生息しています。そのような場所にそっと近づいて観察すると見つけることができます。

　イワナ、ヤマメ・アマゴともに、全長でおよそ7cmを越えると釣れるようになります。そのくらいに成長する時期は、川によって違いますが、およそ夏から秋です。そこで8〜9月に釣りをして、釣れた魚すべてについて全長を計測します。そして、横軸に全長を1cm刻みで目盛りをとり、縦軸に1尾刻みで個体数を重ねていきます。これを全長組成図といいます（図25）。

　このような図を作り、その全体を見て、およそ全長15cmを下回るような小型魚、すなわち0歳魚が数多くいれば、自然繁殖しているといえます。

第２部 渓流魚を守り、楽しい釣り場を作る新しい方策　**7章**

天然魚の絶滅を回避する方法

　渓流魚の天然魚は、放流が行なわれたことがなく、魚が遡上できない砂防堰堤や治山堰堤、滝の上流に生息しています。放流魚と交配していないからです。そのような場所では、これからも放流をせず、下流に放流された魚の遡上を止めている堰堤に魚道を付けないようにすれば、天然魚を残せます。しかし、そのようにして残した天然魚が、これからもずっと生息し続けるとは限りません。遺伝的多様性の低下や偶発的な出来事で絶滅してしまう可能性があるのです。

　いずれの生息地でも、天然魚の個体数はそれほど多くありません。また、生息場所の距離は短く、流量も少ないのです。一般に、個体数が少なく、生息範囲が狭いと、生物が絶滅する可能性は高くなります。近親交配が進んで遺伝的多様性が低下し、卵や精子の質が低下したり、病気に対する抵抗性が低下したりするからです。渓流魚の天然魚の多くは、堰堤の建設に伴ってその上流の狭い場所に隔離されました。そのため、その後徐々に遺伝的多様性は低下していると考えられます。

　遺伝的多様性が低下しなくても、個体数が少ないと偶発的に性比が雌雄のどちらかに偏って、順調に産卵できなくなることもあります。また、魚の側に問題がなくても、川の水が枯れたり、台風などの出水で流されてしまうこともあります。森林の伐採や植林された針葉樹林の管理不足などの影響で保水力が低下した山を流れる川では、水枯れが起きやすいのです。

　このような過程で起きる天然魚の絶滅を回避する方法として、次のようなことが考えられます。

1- 漁獲制限法

　個体数が多ければ、絶滅の可能性は低くなります。そこで、魚の数が減らないように釣り方を制限します。釣りの制限には、禁漁や禁漁期間の延長（解禁期間の短縮）、尾数制限、キャッチ・アンド・リリース、制限体長の引き上げなどの方法があります（図26）。

漁獲制限法は漁協や釣り人だけで実施できます。ただし、この方法は遺伝的多様性を高めるわけでないので、根本的な解決策にはなりません。しかし、絶滅するまでの時間を先延ばしする効果があります。水枯れや出水などへの対処方法にはなりません。

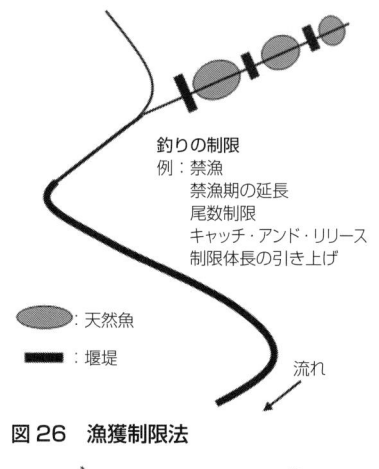

2- 持ち上げ法

天然魚が生息する場所の多くは、堰堤でさらに分断されています。最近の研究で、天然魚の遺伝的多様性はそのような分断された生息域の中でも、上流ほど低いということが明らかになりつつあります。つまり、より上流の魚ほど絶滅しやすいのです。

そこで、天然魚の生息域の中のより下流に生息する、相対的に遺伝的多様性の高い魚を人の手で上流に持って行って放流します（図27）。それらの魚との交配により、上流の魚の遺伝的多様性を高め、多様性の高くなった魚が次第に降下するのを待って生息域全体の遺伝的多様性を高めます。

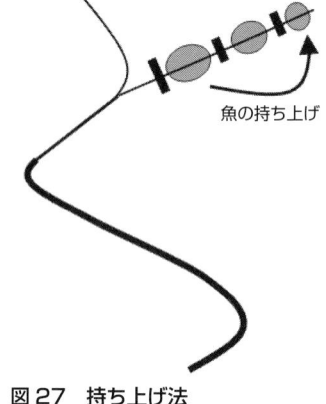

この方法も漁協や釣り人だけでできます。ただし間違えて野生魚や放流魚を最上流に持って行って放流すると、その川の天然魚を消滅させてしまいます。また、この方法は持ち上げ放流した魚の程度までにしか遺伝的多様性を高められません。つまり、絶滅の延伸効果を期待することになります。水枯れや出水には対処できません。

3- 移動促進法

この方法は、天然魚の生息域内にある堰堤に魚道を付けて、下流に生息するより遺伝的多様性の高い魚に自力で遡上させ、上流で交配することにより生息域全体の遺伝的多様性を高めるというものです（図28）。魚道を

付けるのではなく、堰堤のスリット化という方法もあります（45ページ参照）。

　この方法は漁協や釣り人では実施できません。国交省や都道府県、電力会社といった堰堤の管理者に魚道を作ってもらう（スリットを切ってもらう）必要があります。この方法についても絶滅延伸を期待します。水枯れ・出水には対処できません。

4- 個体群間移植法

　ある川をみた時に、複数の支流に天然魚が残っている場合があります。そこで、それぞれの支流の天然魚を数個体ずつ異なる支流に人の手で移植し、交配させます（図29）。これによって、支流ごとでは低かった遺伝的多様性を高くします。

　渓流魚の遺伝子組成が、同じ川であってもそこに流入する支流ごとに異なっていることが最近の研究でわかりつつあります。支流ごとに遺伝的固有性があるのです。個体群間移植法では、支流ごとの遺伝的固有性が失われてしまいます。しかし、支流ではなく、川や水系という単位で天然魚を残すことができます。支流ごとの遺伝子組成の違いは元々のものでなく、堰堤による隔離の結果起きた現象であるとすると、同じ川の支流の間での魚の移植は問題ないといえます。

　この方法は漁協や釣り人で実施可能です。ただし、野生魚や放流魚を間違えて移植しないように注意する必要があります。いろいろな支流の天然魚を交配させるので、前述の1から3の方法に比べて遺伝的多様性を高める効果があると考えられます。一方、水枯れや出水に直接的には対処できません。しかし、複数の支流を対象にこの方法を実施しておくことによって、すべての支流で水枯れなどが起きなければ、いずれかの支流に天然魚を

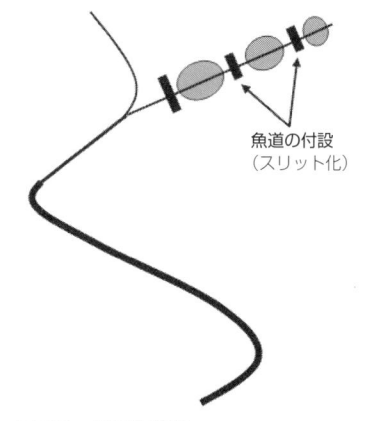

図28　移動促進法

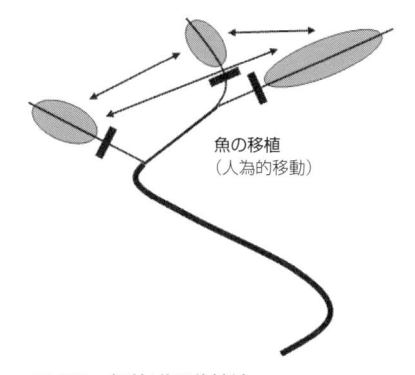

図29　個体群間移植法

残すことができます。

5- 絶滅水域移植法

　複数の支流の天然魚の数個体ずつを、同種の魚がいなくなってしまった支流の遡上阻害物の上流に移植（放流）して交配させ、それぞれの元の支流よりも遺伝的多様性の高い魚を創出するという方法です（図30）。

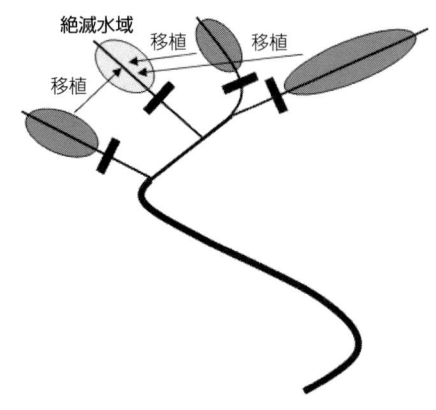

図30　絶滅水域移植法

　この方法は漁協や釣り人で実施できます。ただし、移植先の支流の魚が絶滅した原因を確認しておく必要があります。頻繁に水が枯れたり、台風などのたびに出水があるような支流に移植しても、魚は定着しません。この方法であれば、間違えて野生魚や放流魚を移植しても、元の支流の天然魚を手つかずのまま残すことができます。

6- メタ個体群構造復元法

　堰堤がなければ、滝などの自然の阻害物で遡上を止められない限り、魚は支流の間を行き来できます。渓流魚は支流への定着性が強く、そのため支流ごとに遺伝的固有性がありますが、支流の間を魚が行き来することにより、支流ごとに遺伝的多様性が極端に低下しないというメカニズムがあると考えられます。

　そこでこの方法では、それぞれの支流において天然魚を残す役割をしている堰堤の下流の野生魚や放流魚を除去し、上流の天然魚が降下して堰堤下流で増えるのを待ちます。同時に、堰堤に魚道を付けたりスリット化して、魚が上下に移動できるようにします。このことを、その魚種の元々の生息域の下限まで進めます（図31）。その過程で、魚は他の支流にも遡上できるようになります。このように、かつての生息分布と移動性を復元します。

　支流のような個別の場所に生息する同種の生物を「局所個体群」と呼びます。また、個体の移動が可能な、つまり遺伝子の交流のある局所個体群の集合体を「超（メタ）個体群」と呼びます。そのメタ個体群の構造を復元するのです。

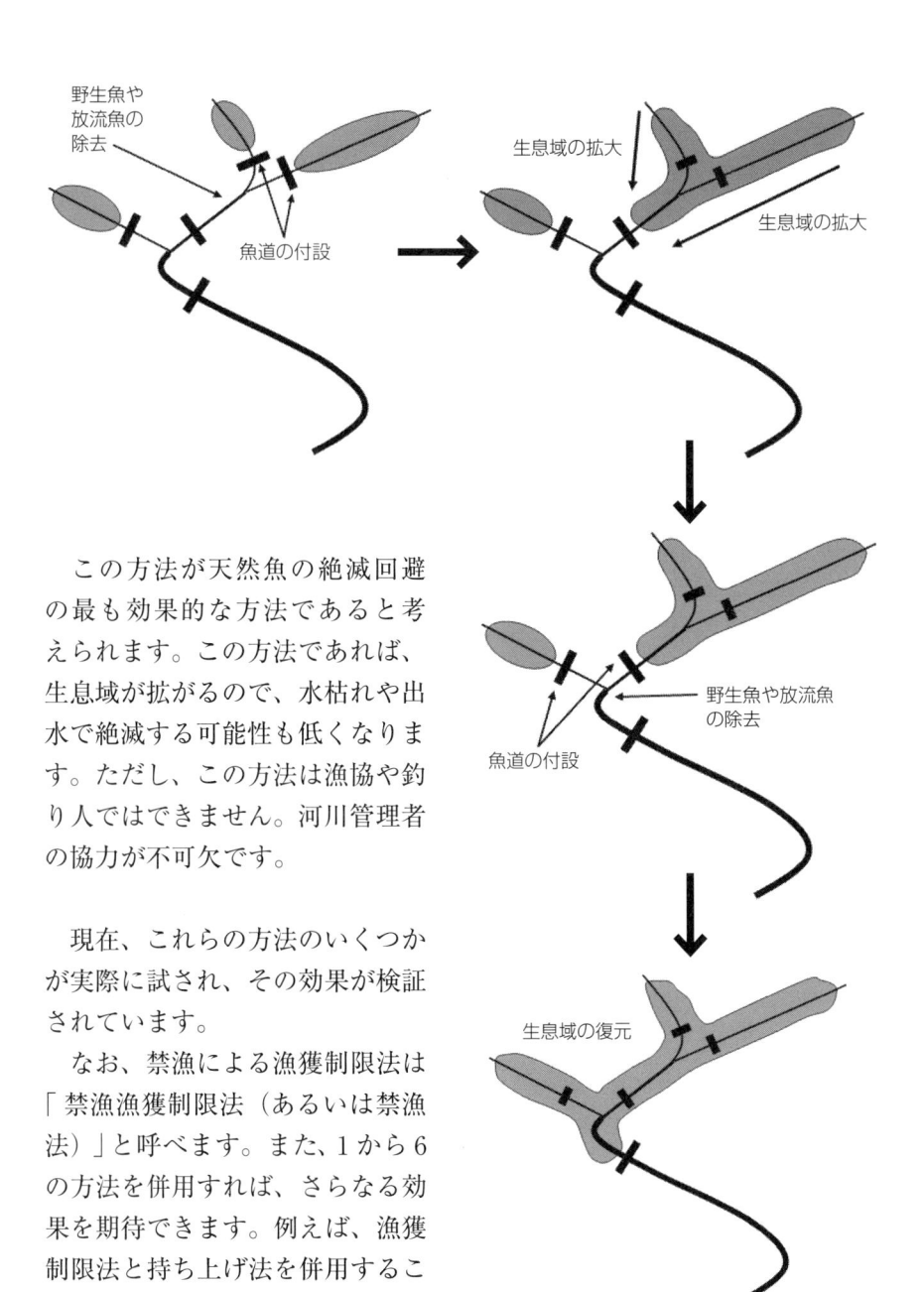

この方法が天然魚の絶滅回避の最も効果的な方法であると考えられます。この方法であれば、生息域が拡がるので、水枯れや出水で絶滅する可能性も低くなります。ただし、この方法は漁協や釣り人ではできません。河川管理者の協力が不可欠です。

　現在、これらの方法のいくつかが実際に試され、その効果が検証されています。

　なお、禁漁による漁獲制限法は「禁漁漁獲制限法（あるいは禁漁法）」と呼べます。また、1から6の方法を併用すれば、さらなる効果を期待できます。例えば、漁獲制限法と持ち上げ法を併用することは「漁獲制限・持ち上げ法」と呼べます。

図31　メタ個体群構造復元法

第2部 渓流魚を守り、楽しい釣り場を作る新しい方策 **8**章

漁協と釣り人、地域の連携

1- 漁協と釣り人の連携

　多くの場合、漁協と釣り人の仲は決してよくありません。漁協にとって、多様なニーズを持った釣り人はうるさい存在です。反対に、釣り人にとってニーズを聞いてくれない漁協は頑固な存在です。そのような関係がずっと続いてきました。

　たしかに多くの漁協は釣り人のニーズを聞き入れません。「この川は俺たちの川だ」という意識が強いのでしょう。しかし、漁協は川と魚をずっと守ってきました。釣り人は釣りをしたい川に行きます。そして、その川が気に入らなくなったり目移りしたら、他の川に行きます。自家用車が普及してからその傾向は強くなりました。それに対して、漁協は自分たちの川にずっといます。そして、その川で増殖活動や監視などを続けています。釣り人は漁協をうとましく思うかもしれませんが、漁協がなくなると、川が荒廃するおそれがあります。漁協があることによって魚や川が守られてきたという面もあるのです。漁協がなくなっても、制度上は都道府県の内水面漁業調整規則によって魚と川は守られます。しかし、都道府県や警察では漁協ほど密度の濃い監視はできません。また、漁協がなくなると増殖活動が行われなくなってしまいます。漁協は地元にいて、日々魚と川を守る活動をしているのです。漁協の役員（理事など）の報酬は一般に年に数万円です。漁協は地元で川と魚を守る、いわばボランティアなのです。釣り人は漁協のそのような役割を理解する必要があります。

　漁協は漁業者の集まりというのが前提ですが、渓流では生業としての漁業はもうないといってよいでしょう。つまり漁協の組合員は地元の釣り人ということができます。そして遊漁者は組合員以外の釣り人といえます。組合員も遊漁者も釣り人いう点では同じです。釣り人であれば、ニーズの一致する点もあるはずです。大変かもしれませんが、釣り人は粘り強く漁協に、「このような釣りをしたい」、「このような釣り場が欲しい」、「こ

のような魚を釣りたい」ということを伝えてください。

　一方、漁協は漁協の経営を考えなければなりません。赤字がかさんだら、漁協は解散しなければならない場合があります。残念ながら多くの漁協で組合員が減少しています。組合員が減れば、組合員が納める賦課金と漁業権行使料が減り、漁協の経営が立ちゆかなくなります。もう、「組合員である自分たちだけ釣れればいい」と考えていられる時代ではないのです。たくさんの釣り人に来てもらって遊漁料収入を得て、漁協の経営を安定させる必要があります。そのために、漁協は釣り人のニーズに耳を傾ける必要があります。どのような魚を増やすのか、どのような釣り場を作るのかについて、漁協はぜひ釣り人と話し合ってください。

　また、地域も漁協に期待しています。釣り人が地元に落とすお金はばかになりません。釣り人が食事をすれば、食堂やそば屋が儲かります。おみやげを買えば、商店やおみやげ物屋が儲かります。宿泊すれば、旅館や民宿が儲かります。飲み物を買ってもらうだけで、地元の誰かの収入が増えるのです。

　漁協と釣り人が連携する方法は、次のようにいくつもあります。

①釣り人が漁協の組合員になる
　釣り人が漁協の組合員になって、魚の増殖活動や釣り場の監視をするのです。釣り人が組合員になれば、組合員数が増えて、漁協が元気になります。

②釣り人が漁場監視員になる
　漁場監視員には、漁協の組合長が任命すれば釣り人でもなれます。

③釣り人が組合活動に協力する
　組合員にも漁場監視員にもならず、釣り人として漁協に協力する方法もあります。放流や人工産卵場の造成、看板立て、河川清掃などを手伝うのです。

④漁協が釣り人との意見交換の場を設ける
　漁協が釣り人の意見を聴く機会を設けるという方法もあります。「○○シンポジウム」のような名称で、最近よく開催されます。しかし、よくありがちなのは、釣り人が漁協に文句を言うばかりで、ケンカ別れになってしまうことです。そのような集まりを開催するのには手間やお金がかかります。その労苦をいとわずに漁協は開催するわけですから、釣り人も感謝

の気持ちを持ってその場に臨み、建設的な議論をするようにしましょう。

　そのようなイベントを開催するのは大変かもしれません。しかし、例えば漁協の事務所の一角に、釣り人が立ち寄ってお茶でも飲みながら話ができるようなスペースを作ることは多くの漁協で可能なはずです。そうすれば釣り人も喜ぶし、釣り人の話を聞いて漁協にも役立ちます。

⑤漁協と釣り人が協力して「川育」を実施する

　川と魚には教育の機能があります。最近、食育の必要性がうたわれています。川にいる魚を捕って食べることも食育の一環です。また、川で遊ばせることは教育活動にあたります。「川育」と呼べるでしょう。近年、川で遊ぶのは危険といわれ、子供たちが川から遠ざけられています。川にはたしかに危険な場合があります。しかし、それは川の全体像からすると一部です。川を環境教育の場としてとらえ、川育を普及すべきです。川は多くの生き物が棲む場所のひとつです。釣りをすることによって生き物にじかに触れることができます。また、釣りにはルールがあります。このように、釣りは実感をともなった環境教育や郷土教育、社会教育になるのです。そのような活動を漁協と釣り人が一緒に実施するのはとても良いことです。釣り教室や釣った魚の料理教室はその1つです。また、人工産卵場の造成も川育活動のひとつになります。

　9章（釣り場作りの先駆事例）のように、長野県の木曽川漁協は「子供専用区」を設けています。栃木県の西大芦漁協や岐阜県の高原川漁協は「ボランティアに参加していただいての人工産卵場の造成」、宮崎県の北川漁協は「子供たちによる放流」、岐阜県の下呂市役所は「フィッシングアカデミー」を実施しています。これらは川育の実例です。

2- 釣り人だけでできること

　渓流魚を守ったり増やすために、釣り人だけでできることもあります。

①遊漁規則を守る

　遊漁規則に書かれていること（禁漁期、禁漁区、体長制限、漁具漁法の制限・禁止、遊漁料、その他遊漁のルール）を守る。これは釣り人の義務です。

②必要以上に魚を持ち帰らない

　たくさん釣れても、食べる分だけしか持ち帰らないようにしましょう。

また、釣り人の中には、水を入れて魚を生かしたまま持ち運べるビク（魚籠）を使う人がいます（写真34）。釣りをしている間、釣った魚を生かしたままずっと持ち歩き、魚が釣れるたびに食べるのにちょうど良い大きさと数の魚だけをビクの中に残すのです。

　また、このように運んだ魚を、車に戻ったらしめて（殺して）、すぐに氷入りのクーラーに入れれば鮮度の良い状態で家に持ち帰れます。水と魚の入った重いビクを持ち歩くので少し大変かもしれませんが、魚を減らさずにすみ、釣った魚をおいしく食べられます。

③かえしのないハリを使う

　カエシ（アゴ、アギ）のないハリ（バーブレスフック）を使うことにより、制限体長を下回る魚や食べるつもりのない魚が釣れても、殺さずに放流できる確率が高まります。ハリにカエシがないと、釣り落としやすくなったり、餌がハリからはずれやすくなりますが、そこを技術でカバーするのが腕の見せ所です。

写真34　生かしビクの一種

④放流を行なう

　釣り人でも放流を行なうことができます。ただし、放流した時点で魚は無主物（持ち主のいない物）になり、所有権は認められません。「俺が放流したのだから、俺の魚だ。だから俺だけが釣る」とはいえないのです。

　川によっては天然魚が生息しており、そのような場所に放流すると、せっかく残っている天然魚を台無しにしてしまいます。また、多くの場合、放流する魚を養魚場で入手しますが、養殖魚によっては病気を持っており、放流した魚を通して病気を川に持ち込んでしまうおそれがあります。そのようなことを避けるため、実施する際には地元の漁協に相談してください。

⑤人工産卵場を造成する

　釣り人でもできます。川によって、河川管理者（国交省、都道府県、市町村）に届けを提出したり、許可を得る必要があります。造成する際には、まずは漁協と相談するのがよいでしょう。

写真35　本流との合流点から支流内の最初の堰堤までの間（ここでは釣りをしないようにする）

⑥支流の堰堤の下では釣りをしない

　イワナやヤマメ・アマゴには、支流に遡上する性質があります。夏に本流の水温が上昇すると、冷たい水を求めて支流に遡上します。また、産卵場所を求めて支流に遡上します。しかし、多くの支流には本流との合流点からすぐに堰堤があって、それらの多くに魚道が付けられていないため、魚は堰堤を越えて遡上できません（写真35）。その結果、そのような堰堤の下流にはたくさんの魚が集まります。これらの魚の多くは秋になるとその支流で産卵します。また、生まれた子供の中には本流に降らずにその支流に棲むものがいます。

　このように、本流との合流点から支流内の最初の堰堤までの間は渓流魚の「高密度生息域」のため、釣り人にとってよく釣れる場所のひとつです。しかし、魚にとっては「産卵水域」であり、稚魚や幼魚の「保育水域」でもあります。そのような場所では釣りをしないようにするというのはいかがでしょう。多くの場合、本流の合流点から支流の中の最初の堰堤までの距離はたかだか数百メートルです。このような短い距離の場所くらい、魚の増殖のために自主的に禁漁区にするのです。

⑦源流の魚を大切にする

本流の源流部や支流の奥には天然魚が生息している場合があります。このような場所では天然魚の保護のため、自主的に持ち帰る魚の数を少なくしたり、キャッチ・アンド・リリースで釣りを楽しむのがよいでしょう。

3- 漁協と養殖業者の連携

渓流釣りには、渓流魚を増殖し釣り場を管理する漁協と、釣り人、そして放流を支える養殖業者の3者が関与します。3者にとってより良い魚はそれぞれ異なります。しかし、漁協も養殖業者も妥協点を見出しながら、最終消費者である釣り人にとって魅力ある釣り場を作っていくことがこれからは大切です。

遊漁料収入も多く、好景気の時代には、漁協も養殖業者も利害や思惑が一致し、ともに良い状況が続きました。しかし、釣り場作りや放流魚の質については、考えが足りなかったのかもしれません。平成の時代に入ってからのルアー・フライ釣りブームを契機として、渓流釣り愛好者のニーズは釣り場の環境や魚に対して非常に多様化しています。また、渓流釣りの人口はこれからも増加が期待できます。漁協も養殖業者も、このニーズに応える努力をしなければ事業を将来にわたって継続することは難しいでしょう。そのためには、まず漁協と養殖業者が連携して、より良い放流魚を作ることが大切です。

では、そこにはどんな問題があるのでしょうか。表5に示すように、立場の違う両者にとって理想は異なります。しかし、釣り人の理想は、「きれいで、よく釣れる魚」に集約できると考えられるので、養殖業者としては、第一に美しい魚、そして病気やストレスに強く、死なない魚を提供するよう努力しなければなりません。

しかし、そこには次のようなリスクが生じ、コストアップという問題

表5　漁協にとって良い魚、養殖業者にとって良い魚

順位	漁協にとって良い魚	養殖業者にとって良い魚
1	放流後の生き残りの良い魚	生残（歩留まり）の良い魚
2	釣り場に定着する魚	飼いやすい魚
3	安価な魚	成長の良い魚
4	天然魚に近い美しい魚	天然魚に近い美しい魚
5	釣れやすい魚	釣れやすい魚

が生まれます。

①ヒレがピンとした美しい魚を作るのには、稚魚期から飼育密度を低くしなければならず、生産量が減る。
②ヤマメやアマゴでは、パー・マーク（幼魚紋。29ページの写真8、9、口絵6、11、12を参照）のはっきりした魚が美しいとされ、これには成長の遅いパー系（スモルト化しない魚）を親魚として育種していく（作っていく）必要がある。しかし、パー系は卵数が少なく、育種にも時間がかかる。
③食用魚と放流魚を区別して飼育すると、飼育池の池繰（いけぐ）りが難しくなる。
④養鱒業界は分業化が進んでいるため、どの業者でもすぐに種卵を生産できるわけではない
⑤親魚候補としてメスの比率の高いスモルトが選ばれる傾向があるため、スモルトの出現率が高くなってしまう。
⑥天然魚から親魚を養成すれば、放流に適した魚を育成できるが、天然魚は今までに病気を経験していないため、養殖すると全滅に等しい結果もあり得る。

このように、理想的な魚づくりには、克服しなければならない課題が多くあります。しかし、養殖業者は今までの考えを転換する必要がありますし、漁協も安価な魚を求めるのではなく、少し高価でもきれいな魚や放流後の生き残りの良い魚を求めるように考え方を変えることが必要です。

4- 漁協と地域の連携

　釣り人は、良い釣り場を求めて全国から集まって来ます。釣り人は、漁業権が設定されている場合には遊漁券を購入する必要がありますので、その時に地元の人との間で何らかの交流が生まれます。この機会を有効に活用することによって、釣り人の増加や地域の活性化のためのさまざまな波及効果を期待することができます。
　例えば次のような方法があります。

①割引特典
　遊漁券を購入した人に対して、期間限定の割引特典を付けると、その特

典が使えるおみやげ物屋、民宿・旅館・ホテル、日帰り温泉といった地元の観光施設などへの来客の増加に結び付けることができます。その日の釣果が思わしくなかった場合でも、釣りのあとの食事や温泉が気に入った場合には、また日を改めて挑戦してみようかという気持ちも起こるのではないでしょうか。

②釣りガイド

　渓流釣りは、未経験者がいきなり始めるのには難しい釣りかもしれません。そこで、例えば地元の観光施設などで、ガイドとしてあらかじめ登録してある漁協の組合員などを紹介する仕組みを作っておくと、紹介した施設に紹介料が入り、ガイドを行う組合員はガイド料金という収入を得られます。そして、渓流釣りに魅力を感じてもらえたら、新たな遊漁者人口が増え、その地域へのリピーターになってもらえるということも期待できます。

③調理サービス

　地元の飲食店や宿泊施設などと連携して、釣った魚を有料で調理してあげて、食事に供するというサービスも考えられます。調理を行なった施設には、調理代金の収入に加えて、その他の飲食物の注文による収入も得られます。このようなサービスを気に入った釣り人は、その地域へのリピーターにもなり得ます。

第2部 渓流魚を守り、楽しい釣り場を作る新しい方策

9章 釣り場作りの先駆事例

　各地で実際に行なわれている先進的な渓流釣り場作りの事例を紹介します。がんばっている漁協が全国にたくさんあります。みなさんもこの事例を参考に、ゾーニング管理や保護、増殖、集客に取り組んでください。
　なお、これらは平成20（2008）年度現在のものです。

① ゾーニング管理で活気のある渓流

遊漁規則と漁業権行使規則に基づいた増殖と集客の工夫
●群馬県　上野村漁業協同組合

　上野村漁協は群馬県南西部の上野村に位置しています。上野村には、昭和60（1985）年8月に日航機が墜落した御巣鷹の尾根があります。
　この漁協は利根川水系神流川上流の漁業権を免許されており、遊漁規則と漁業権行使規則に基づいて、9カ所の禁漁区の設定、3カ所のキャッチ・アンド・リリース区の設定、持ち帰り1日20尾までの尾数制限を行なうなど、渓流魚の増殖と釣り人の集客に力を入れています。
　3カ所のキャッチ・アンド・リリース区のうち、1カ所は毛バリ釣り専用（フライ釣りとテンカラ釣り専用）、1カ所は毛バリ釣りとルアー釣り専用、1カ所は餌釣りも可能です。毛バリ釣り専用のキャッチ・アンド・リリース区では、釣り人へのお願いにより人数制限（1日10名まで）で、入漁区間予約制です。キャッチ・アンド・リリース区に放流するヤマメは、養魚場に特別に養殖してもらった姿かたちのきれいな「ひれピン」の魚です。
　これらの他にも下記のように釣り人の意見を取り入れた釣り場作りをしており、とても人気があります。

●特徴
①イワナ、ヤマメ、ニジマスが対象
②遊漁規則と漁業権行使規則により、禁漁区を9カ所設定

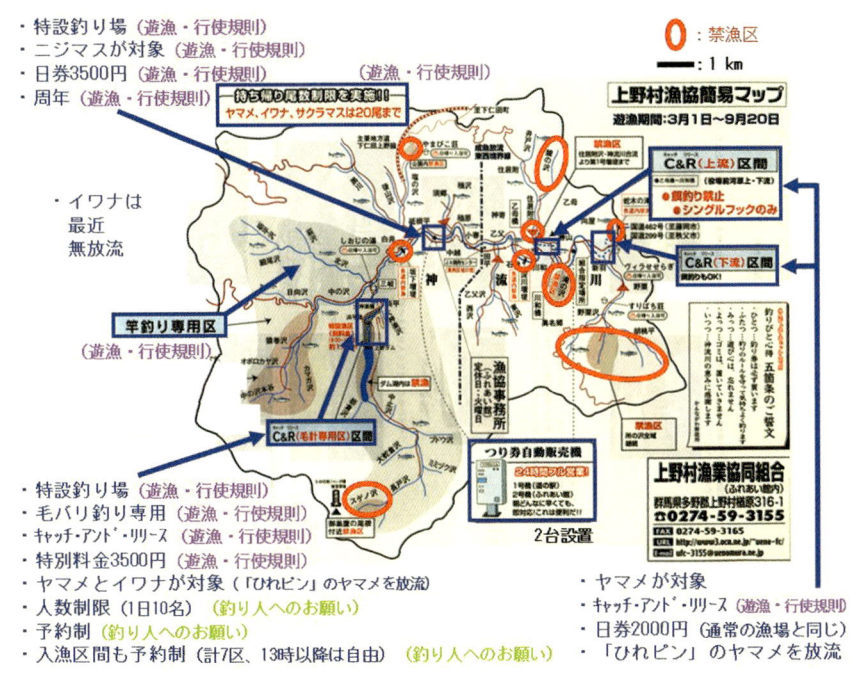

図32 上野村漁協の釣り場の概要（口絵31参照）

③遊漁規則と漁業権行使規則により、尾数制限（持ち帰り1日20尾まで）
④遊漁規則と漁業権行使規則により、上流部を竿釣り専用区に設定
⑤遊漁規則と漁業権行使規則により、キャッチ・アンド・リリース区を3カ所設定。うち1カ所はフライ・テンカラの毛バリ釣り専用の特設釣り場（特別料金、1日3,500円）、1カ所は毛バリ釣り・ルアー釣り専用（シングルフックのみ使用可）、1カ所は餌釣りも可（毛バリ釣り専用区以外では遊漁料は1日2,000円。この漁協の他の釣り場と同じ）
⑥毛バリ釣り専用の特設釣り場では、釣り人へのお願いにより人数制限（1日10名まで）、入漁区間の予約制（1.8kmの釣り場を7区に分けて、それぞれの区に入れる釣り人を予約で受け入れる）。入漁時間は午前9時から午後5時まで。午後1時以降は予約していない区にも入れる。漁協の事務所が休みの火曜日定休
⑦3カ所のキャッチ・アンド・リリース区には、養魚場に特別に養殖してもらったヒレや体のきれいな「ひれピン」の高価なヤマメを放流
⑧遊漁規則と漁業権行使規則により、ニジマスの冬季釣り場（特設釣り場）

を漁協事務所の近くに設定
⑨イワナについては、天然魚と野生魚を釣り人に提供するため、最近は無放流

上野村漁業協同組合

〒370-1616　群馬県多野郡上野村大字楢原316-1
TEL：0274-59-3155、FAX 0274-59-3165、E-mail：ufc-3155@uenomura.ne.jp

---

遊漁規則と漁業権行使規則に基づいた増殖と集客の工夫
●山梨県　小菅村漁業協同組合

　小菅村漁協は東京都に隣接する山梨県北東部の小菅村に位置しており、奥多摩湖に流入する多摩川水系小菅川の漁業権を免許されています。

　この漁協も上野村漁協と同様に、遊漁規則と漁業権行使規則に基づいて禁漁区やキャッチ・アンド・リリース区、尾数制限区、冬季のニジマス釣り場の設定などを行ない、釣り人でにぎわっています。

図33　小菅村漁協の釣り場の概要

●特徴
①イワナ、ヤマメ、ニジマスが対象
②遊漁規則と漁業権行使規則により、3本の支流を禁漁
③遊漁規則と漁業権行使規則により、キャッチ・アンド・リリース区を設定（下流。図33の右の方）
④キャッチ・アンド・リリース区の遊漁料は1日800円（この漁協の他の釣り場と同じ）
⑤遊漁規則と漁業権行使規則により、上流（図の中の左の方）に尾数制限区を設定（持ち帰り1日5尾まで）
⑥遊漁規則と漁業権行使規則により、冬季のニジマス釣り場（特設釣り場）を設定（図33の中の真ん中より左のあたり）

小菅村漁業協同組合

〒409-0211　山梨県北都留郡小菅村4383-1（小菅村観光協会内）
TEL・FAX：0428-87-0741、E-mail：kosuge@shokokai-yamanashi.or.jp

釣り人へのお願いと遊漁規則・漁業権行使規則による増殖と集客の工夫
●山形県　最上川第二漁業協同組合

　最上川第二漁協は山形県のほぼ中央に位置し、おもに最上川水系寒河江川の漁業権を免許されています。日本ではじめて渓流魚のキャッチ・アンド・リリース区を設けた漁協として有名です。

　この漁協は寒河江川本流の約12kmを釣り人へのお願いの形式でキャッチ・アンド・リリース区にしています。そして、その間に流入するするほとんどの支流を、魚の増殖のために遊漁規則と漁業権行使規則で禁漁にしています。支流で増えた魚が本流のキャッチ・アンド・リリース区に下って来ることを期待しています。つまり、支流を本流の「種川」として位置付けているのです。

　また、それらの支流の上流には天然魚が生息しており、そこでは天然魚の保護のため放流をしないようにしています。

●特徴
①イワナ、ヤマメ、ニジマスが対象

②釣り人へのお願いにより、本流の約 12 km（図 34 の中のほとんどの区域）をキャッチ・アンド・リリース区に設定
③遊漁規則と漁業権行使規則により、キャッチ・アンド・リリース区に流入するほとんどの支流を禁漁
④遊漁料は 1 日 1,000 円（この漁協の他の釣り場と同じ）
⑤遊漁規則と漁業権行使規則により、下流（図 34 よりも下流）に持ち帰り可能な濃密放流区（特設釣り場）を設定
⑥支流の上流部については、天然魚の保護のため無放流

最上川第二漁業協同組合
〒 999-3511
山形県西村山郡河北町谷地
　　　　　字山王 23 − 1
TEL：0237-72-2274
FAX：0237-72-2328
E-mail：info@mogami2.jp

図 34　寒河江川のキャッチ・アンド・リリース区

徹底した天然魚の保護と自然繁殖だけによる増殖
●長野県 志賀高原漁業協同組合

　志賀高原漁協はスキーで有名な長野県北部の山ノ内町に位置しており、信濃川水系の魚野川と雑魚川の漁業権を免許されています。

　この漁協の管内に生息する魚は元々イワナのみです。そして、この漁協はイワナの種苗放流を一度も行なったことがなく、生息するイワナはすべて天然魚です。

　漁協は放流を行なわないかわりに、産卵場の保護・造成を行なっています。また、遊漁規則と漁業権行使規則により、支流の禁漁、制限体長の引き上げ、禁漁期の延長を行なっています。その結果、高い密度のイワナの生息を実現しています。放流を行なっていないので、遊漁料は日釣り券で315円と安価です。

　自然豊かな魚影の濃い川で、低料金でイワナの天然魚が釣れるので、と

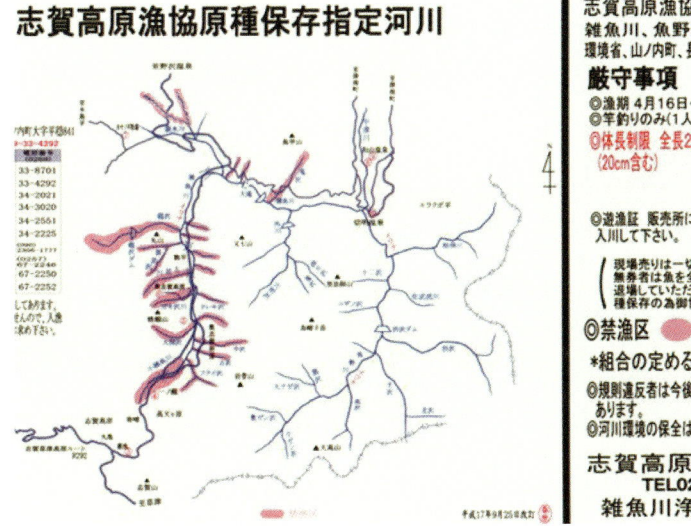

図35　放流を行なわずに魚を増やしている志賀高原漁協（口絵32参照）

ても人気があります。
●特徴
①イワナが対象（イワナの単独域）

②一度もイワナの放流を行なったことがない
③産卵場を保護・造成
④遊漁規則と漁業権行使規則により、多くの支流を禁漁（図35、口絵32のピンク色の川）。支流を「種川（たねがわ）」として魚を増殖
⑤遊漁規則と漁業権行使規則により、制限体長を20 cmに引き上げ（長野県の内水面漁業調整規則では、制限体長は15 cm。これを5 cm引き上げ。図35、口絵32の中の右上を参照）
⑥遊漁規則と漁業権行使規則により、禁漁期を延長（内水面漁業調整規則では解禁日は2月16日。これを4月16日に2カ月遅らせている）
⑦高い生息密度（長野県内のいずれの禁漁河川より、この漁協の釣って良い川のほうがイワナの数が多い）
⑧遊漁料は1日わずか315円（放流を行なっていないので、遊漁料は安い）

志賀高原漁業協同組合
〒381-0401　長野県下高井郡山ノ内町大字平穏841
TEL：0269-33-4292

❷ 高度利用により釣り人に人気のある釣り場

禁漁期を短縮した無放流の毛バリ釣り専用区
●高知県　いの町本川漁業協同組合の中野川

　いの町本川漁協は高知県中部のいの町に位置しており、吉野川上流の漁業権を免許されています。

　この漁協は管内の川のひとつである中野川を遊漁規則と漁業権行使規則により毛バリ釣り専用区にしています。ここは、釣り人へのお願いによりキャッチ・アンド・リリース区で、4日前までの予約による1日15名までの人数制限になっています。また、内水面漁業調整規則により、禁漁期間が短縮されています。

　この川ではかつて放流が行なわれていましたが、釣り人の「自然繁殖した魚だけを釣りたい」という要望を受けて、平成14（2002）年から放流を行なっていません。したがって、釣れる魚はすべて野生魚です。

　人数制限のため、ゆっくり釣りができて、きれいな野生魚が釣れるのでとても人気が高く、全国から釣り人が訪れています。

図36　無放流・毛バリ釣り専用のキャッチ・アンド・リリース区として人気の高い中野川

●特徴
①アマゴが対象
②遊漁規則と漁業権行使規則により、フライとテンカラの毛バリ釣り専用区（特設釣り場）
③釣り人へのお願いにより、キャッチ・アンド・リリース
④釣り人へのお願いにより、予約制（4日前までに）
⑤釣り人へのお願いにより、人数制限（1日15名）
⑥遊漁料は1日3,500円（特別料金。この漁協の他の釣り場は2,000円）。翌日以降も釣りをする場合は、2日目から2,000円に割り引き
⑦内水面漁業調整規則により、禁漁期が短縮（高知県の内水面漁業調整規則では、アマゴの漁期は3月1日から9月30日。この川では2月16日から11月30日まで釣りが可）
⑧野生魚だけ釣れるように、釣り人の要望により平成14（2002）年より無放流
⑨川に入れる場所（図36の数字で示してある場所）に棒が立てられており、そこに紙が下げられている。その紙に釣りに入った日時を書くことにより、すでに誰かが釣ったのと同じ場所に次の人が入らなくてすむという工夫がされている
⑩年会費21,000円、30名のサポーター制度もある（サポーターになると遊漁料が1日1,000円に割り引き）

いの町本川漁業協同組合
〒781-2602　高知県吾川郡いの町戸中81-4
TEL：088-869-2777、FAX：088-869-2247、E-mail：knozaki@dl.dion.ne.jp（中野川クラブ）

入漁区間予約制の毛バリ釣り専用区
●広島県　吉和川漁業協同組合の小川川

　吉和川漁協は広島県西部の廿日市市に位置し、太田川水系の吉和地区の漁業権を免許されています。
　この漁協は管内の川のひとつである小川川を遊漁規則と漁業権行使規則により尾数制限（持ち帰り1日10尾まで）の毛バリ釣り専用区にしています。ただし、釣り人へのお願いにより実質的にキャッチ・アンド・リリース区になっています。

ここでは遊漁規則と漁業権行使規則により1日20名までの人数制限になっていますが、釣り人へのお願いにより実質的に10名までとなっています。釣り人へのお願いにより入漁区間の予約制にもなっています。

　ここも、人数制限のため、ゆっくり釣りができるので人気があります。

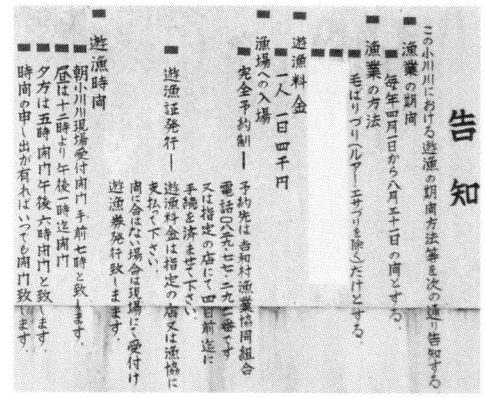

写真36　予約制の毛バリ釣り専用区である小川川の告知板　（柳川 建氏提供）

●特徴

①アマゴとイワナ（ゴギ）が対象

②遊漁規則と漁業権行使規則により、フライ釣りとテンカラ釣りの毛バリ釣り専用区（特設釣り場）

③遊漁規則と漁業権行使規則により、尾数制限（持ち帰り1日10尾まで）。ただし、釣り人へのお願いにより、実質的にキャッチ・アンド・リリース区

④遊漁規則と漁業権行使規則により、人数制限（1日20名）。ただし、釣り人へのお願いにより、実質的に10名

⑤釣り人へのお願いにより、入漁区間の予約制（約4kmの釣り場を10区に分け、それぞれの区に入れる釣り人を予約で受け入れ。予約した釣り人は午後からは予約していない区にも入れる）

⑥川の入り口の林道にカギ付きのゲートがあり、漁協や釣り人がゲートを開閉

⑦遊漁料は1日4,000円（特別料金。この漁協の他の釣り場は1,600円）

⑧年会費20,000円、50名のサポーター制度もある（サポーターは漁場監視員とキャッチ・アンド・リリース指導員を兼ねるかわりに、会費は遊漁料を含む扱いとされる。ただし、入川は一般の釣り人優先）

吉和川漁業協同組合

〒738-0301　広島県廿日市市吉和737-2
TEL：0829-77-2911、FAX：0829-77-2452、E-mail：yoshiwagyokyou@fch.ne.jp

一年中、アマゴが釣れる川
●高知県　物部川漁業協同組合の物部川の杉田ダム下流区間

　物部川漁協は高知県の東部に位置し、物部川の漁業権を免許されています。この漁協は物部川の下流の一部に、アマゴを周年釣れる釣り場を設けました。一般に内水面漁業調整規則で、イワナやヤマメ・アマゴは冬季に禁漁になっています。しかし、この釣り場では内水面漁業調整規則を改正して、禁漁期をなくしました。物部川のこの区域はアマゴの自然分布域よりかなり下流であるためアマゴは自然繁殖できない、そのような水域に放流したアマゴについては繁殖保護のための禁漁期は必要ない、という考え方です。

　ここは、遊漁規則と漁業権行使規則によりフライ釣りとルアー釣りの専用区であり、釣り人へのお願いによりキャッチ・アンド・リリース区です。

　冬でもアマゴ釣りができるので、釣り人に喜ばれています。ただし、台風の影響で水源の山で土砂崩れが多数発生し、物部川では濁りが続いています。そのためこの釣り場は最近運営されていません。

●特徴
①アマゴが対象
②内水面漁業調整規則により、周年利用（高知県の内水面漁業調整規則では、アマゴの禁漁期は10月1日から2月末までであるが、この区間に

にぎわう杉田ダム下流のアマゴ専用区　『広報ものべ川』平成12年度号（物部川漁協発行）より

　今年の4月から杉田ダム下流のアマゴ漁は、漁法をフライ、ルアーに限定して再放流を条件とし周年操業が可能となった。

　4月9日には旧山田堰下流のゲートボール場前を中心に約3,000尾のアマゴ、ニジマスを放流した。放流後の人気は上々で連日のように釣り人がやってきて、大小の魚をゲットしている。

　釣り人の中には子供も多く嬉しい限りである。ただこの専用区を設置したことで、アマゴ漁の専用漁券の販売を求める声も高くなってきた。

　漁協としても早急に専用漁券についての取り組みも始めてみたいと考えている。

　現時点では放流したアマゴやニジマスもスレてないので良く釣れている。一度、この専用区へ遊びに来ませんか……。

ついては禁漁期が設定されていない)
③遊漁規則と漁業権行使規則により、フライ釣りとルアー釣りの専用区
④釣り人へのお願いにより、キャッチ・アンド・リリース区
⑤遊漁料は1日2,000円（この漁協の他の釣り場と同じ）

物部川漁業協同組合
〒782-0016　高知県香美市土佐山田町山田1865
TEL：0887-53-3224、FAX：0887-52-0100、E-mail：monobe@mb.inforyoma.or.jp

子供専用区の設定
●長野県　木曽川漁業協同組合

　木曽川漁協は長野県の南西部に位置し、木曽川本支流の漁業権を免許されています。

　この漁協は管内の上田沢、サヨリ沢、八沢川の3つの川に中学生以下の子供だけが釣りのできる「子供専用区」を設定しています。「子供たちに釣りや魚にふれて欲しい」という地元の願いから設け、地域ぐるみで管理しています。遊漁料は無料です。

●特徴
①子供だけ（中学生以下）が釣れる
②町の中や地区の中を流れる、それほど規模が大きくない、足場のしっかりした川に設定
③距離は700〜850m
④「子供釣り専用河川運営協議会」が運営。協議会のメンバーは、町村長、教育長、小中学校長、小中学校PTA会長、公民館長、区

写真36　木曽川漁協の子供専用区
（上：看板、中：上田沢、下：八沢川）

長、組長、漁協組合長・支部長など
⑤放流や川開き、釣り大会、つかみ取り大会なども実施
⑥遊漁料は無料

木曽川漁業協同組合

〒397-0001　長野県木曽郡木曽町福島 4935 − 1
TEL：0264-22-2580、FAX：0264-23-2830

フィッシングアカデミーの開催と渓流魚付き林の保全
●岐阜県　**下呂市役所**

　これは漁協ではなく、市役所の取り組みです。下呂市は岐阜県の中西部に位置しています。温泉で有名です。

　下呂市役所が、馬瀬川を中心にした自然、文化、釣りの教室である「フィッシングアカデミー」を開催しています。釣り教室のメニューは、渓流釣りとアユ釣りです。1泊しての講座もあり、講座のあと郷土料理と温泉を満喫できます。

　また、この市役所は、馬瀬川の景観と清流の保全、アユやアマゴなどが生

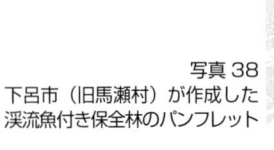

写真37
下呂市（旧馬瀬村）が作成したフィッシングアカデミーのパンフレット

写真38
下呂市（旧馬瀬村）が作成した渓流魚付き保全林のパンフレット

息しやすい環境作りのために、渓畔林の保全も行なっています。市が林の所有者にお願いして、川に沿った林を切らないように協定を締結しています。

これらは市役所が行なっている例ですが、漁協でも実施可能です。

●特徴
① 下呂市役所（旧馬瀬村役場）がフィッシングアカデミー（自然、文化、釣りの教室）を開催
② 釣り教室のメニューは、渓流釣り編（ルアー、フライ、テンカラの3講座）、アユ釣り編（友釣り講座、仕掛け講座など）
③ 7～8月の土日祝祭日には、アユ釣り体験教室も開催
④ 1泊しての講座もあり。講座のあと、郷土料理と温泉を満喫し、夜は講師を囲んでの釣り談義
⑤ 馬瀬川の保全、アユやアマゴなどが生息しやすい環境作りのために渓畔林を保全
⑥ 市が林の所有者（林野庁の森林管理署や個人）にお願いして、川に沿った林を切らないように協定を締結

下呂市馬瀬振興事務所
〒509-2612　岐阜県下呂市馬瀬名丸406
TEL：0576-47-2111、FAX：0576-47-2621

キャッチ・アンド・リリース区による釣り人と地元住民の交流
●岐阜県　石徹白漁業協同組合

石徹白漁協は岐阜県中部の郡上市に位置し、九頭竜川水系石徹白川の漁業権を免許されています。

この漁協は管内の川のひとつである峠川を釣り人へのお願いの形式でキャッチ・アンド・リリース区にしています。そして、年に1回、漁協、釣り人、地元の住民が一緒になってイベント（石徹白フィッシャーズホリデー）を開催しています。人口の少ない地域に、年に1回ですが多くの人が集まり、釣り人と地元の人の交流の場になっています。リピーターが多く、たくさんの釣り人や地元の人がこのイベントを楽しみにしています。

●特徴
① イワナ、ヤマメが対象

写真39　石徹白川のイベント
(左上:峠川の看板、右上:イベント会場、左下:釣り教室、右下:地元住民による出店。斉藤彰一氏提供)

②釣り人へのお願いにより、キャッチ・アンド・リリース区
③キャッチ・アンド・リリースの徹底により、無放流で釣り場が維持
④年に1回、キャッチ・アンド・リリース区の近くの広場（スキー場の駐車場）でイベントを開催
⑤イベントでは、シンポジウムや釣り教室、バーベキュー大会などを実施
⑥川の清掃も実施
⑦地元の人たちも参加し、婦人会などが屋台や物産店を出店。釣り具業者も出店

石徹白漁業協同組合
〒501-5231　岐阜県郡上市白鳥町石徹白36－52
TEL：0575-86-3001、E-mail：itoshiro-amago@hotmail.co.jp

③ 自然繁殖の促進による増殖の取り組み

ボランティアの参加による人工産卵場の造成
●栃木県　西大芦漁業協同組合

写真40　漁協とボランティアによる人工産卵場の造成（左：造成風景、右：完成した人工産卵場）

　西大芦漁協は栃木県中西部の鹿沼市に位置し、利根川水系渡良瀬川の支流大芦川の漁業権を免許されています。

　この漁協は毎年ボランティアに参加してもらって人工産卵場を造成しています。子供連れのリピーターも多く、漁協と釣り人の交流の場になっています。

●特徴
① ボランティアと一緒に人工産卵場を造成
② 平成11（1999）年から毎年実施
③ 釣りをしない人も参加
④ リピーターも多い
⑤ 子供連れの人もいる
⑥ 魚の増殖だけでなく、自然保護や環境教育の効果もある

西大芦漁業協同組合
〒322-0101　栃木県鹿沼市草久1336－1（組合事務所）
TEL：0289-74-2629、FAX：0289-74-2171（いずれも上沢宅）

漁協と国交省による人工産卵河川の造成
●岐阜県　高原川漁業協同組合と国土交通省北陸地方整備局神通川水系砂防事務所

高原川漁協は岐阜県北部の飛騨市に位置し、神通川水系高原川の漁業権を免許されています。

この漁協は、国土交通省の神通川水系砂防事務所と一緒に人工産卵河川を造成しました。そして、ボランティアにも参加してもらってその川に人工産卵場を造成しています。また、産卵状況やふ化した稚魚の個体数、成長の調査を漁協と砂防事務所が一緒に実施しています。

漁協が人工河川を作るのは難しいかもしれませんが、国交省や都道府県に人工産卵河川を作ってもらい、そこに漁協が人工産卵場を造成することは実現可能です。

●特徴
①人工産卵河川の造成
②自然の支流のような人工河川を作り、そこに人工産卵場を造成して、本流から遡上してきた魚に自然に産卵させる
③魚道を付けられない堰堤やダムの下流に作ると効果的
④高原川漁協が神通川水系砂防事務所に申し入れし、砂防事務所が施工

渓流魚の人工産卵河川のつくり方
～ 神坂渓流再生試験工の取り組みから ～

高原川漁業協同組合
国土交通省　神通川水系砂防事務所

写真41　漁協と砂防事務所が作成したマニュアル

写真42　造成された人工産卵河川

高原川漁業協同組合
〒506-1161
岐阜県飛騨市神田町船津2132-23
TEL・FAX：0578-82-2115

④ ユニークな漁場管理

漁協による水源の森の保全
●宮崎県　北川漁業協同組合

写真43　「水源の森」の看板（長瀬一己氏提供）

北川漁協は宮崎県北東部の延岡市に位置し、北川の漁業権を免許されています。

この漁協は北川に沿った雑木林を「水源の森」として保全しています。毎年100万円の予算を計上し、森林組合や個人などから雑木林を賃借しているのです。100万円で50haの面積の林を30〜40年間賃借しています。その間、伐採をせず、林道（作業道）も作りません。

平成20（2008）年9月現在で、16カ所、計380.9haを「水源の森」に指定しています。

●特徴

①平成13（2001）年から毎年100万円の予算を計上して、森林組合や個人などから、水源の雑木林を賃借して保全

②100万円で50ha。期間は30〜40年。その間、伐採をしない、林道（作業道）を作らない

③ヤマメだけでなく、アユやウナギ、オイカワ、モクズガニなどの増殖のため

④平成20（2008）年9月現在で、16カ所、計380.9haを「水源の森」に指定

⑤平成18（2006）年に、国土交通大臣から「水資源功績者」として表彰

⑥漁協が中心になって、地元に住民と企業を交えた「水を守る森を残そうかい」を設立し、川や湖の保全を推進

⑦子供たちに放流を体験してもらっている

⑧「川はみんなの友達」を合い言葉に、ボランティア河川清掃、ふれあい魚釣り大会、鮎チョン掛け大会を実施（「鮎チョン掛け」はこの地域の漁法の1つ）

高知県の芸陽漁協は104ha、和歌山県の富田川漁協は0.9haの山林をそれぞれ購入しました。岐阜県の飛騨川漁協は植樹運動を実施しています。

北川漁業協同組合

〒889-0101　宮崎県延岡市北川町川内名7262
TEL・FAX：0982-46-3922

遊漁規則と漁業権行使規則に基づいた、土日祝日のみ釣りができる川
●岩手県　豊間根淡水漁業協同組合

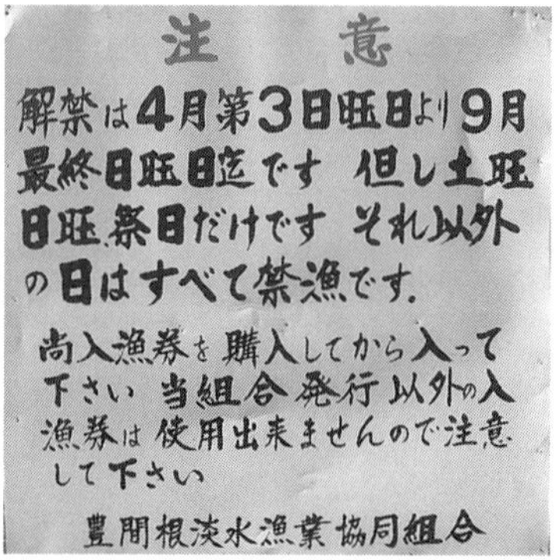

写真44　土日祝日しか釣りのできない川

豊間根淡水漁協は岩手県北東部の山田町に位置し、津軽石川の漁業権を免許されています。

この漁協は、遊漁規則と漁業権行使規則により、管内全域について土曜・日曜・祝日のみ釣りができ、平日は禁漁としています。第二次世界大戦の際に水源や川の周辺の森林が伐採され、魚が極端に減ったため、戦後に増殖のためにそのようにしました。そして、その態勢を今も続けています。平日に釣りをしている人はみな違反者なので監視がしやすいという利点もあります。

この漁協は、この規則に違反した釣り人2名を「漁業権の侵害」により告訴しました。違反者に罰金刑が科せられました。

●特徴
①イワナとヤマメが対象
②遊漁規則と漁業権行使規則により、土曜、日曜、祝日のみ釣りができ、平日は禁漁
③遊漁規則と漁業権行使規則により、餌釣りとテンカラ釣りのみ
④遊漁料は1日500円

豊間根淡水漁業協同組合

〒028-1303　岩手県下閉伊郡山田町荒川10－47－2
TEL：0193-86-2665

⑤ 実際に行なわれている増殖方法と漁場管理方法

　各地で実際に行なわれている増殖方法と漁場管理方法、そしてその法規的根拠は表6のとおりです。

表6　実際に行なわれている増殖方法、漁場管理方法とその法規的根拠

種別	具体的な方法	法規的な根拠
増殖方法	放流（発眼卵、稚魚、成魚）	増殖義務
	人工産卵場の造成	増殖義務の履行方法のひとつ
	人工産卵河川の造成	増殖義務の履行方法のひとつ
漁場管理方法	禁漁期の設定	調整規則、行使・遊漁規則
	禁漁区の設定	調整規則、行使・遊漁規則
	体長の制限	調整規則、行使・遊漁規則
	漁具漁法の制限・禁止	調整規則、行使・遊漁規則
	特設釣り場（濃密放流と高遊漁料）の設定	行使・遊漁規則により可
	ルアー、フライ、毛バリ釣りなどの専用区の設定	行使・遊漁規則により可
	キャッチ・アンド・リリース区の設定	行使・遊漁規則により可
	尾数の制限	行使・遊漁規則により可
	人数の制限	行使・遊漁規則により可
	子供専用区、女性専用区の設定	行使・遊漁規則により可
	禁漁期の短縮	調整規則により可
	周年利用	調整規則により可
	無放流（天然魚、野生魚の提供）	可。人工産卵場の造成により可
	予約制、入漁区間予約制	（釣り人へのお願いにより可）
	渓畔林、水源の森林の保全	（組合の総意により可）

　　　　　　　　　　　　　　　　＊増殖義務：漁業法に基づく増殖義務
　　　　　　　　　　　　　　　　＊調整規則：内水面漁業調整規則
　　　　　　　　　　　　　　　　＊行使規則：漁業権行使規則

1 ● 渓流釣りに関係する法律、規則

　渓流釣りにも法規的なルールがあります。ルールには、漁業法や水産資源保護法、内水面漁業調整規則、内水面漁場管理委員会指示のように行政機関が定めているものと、それぞれの漁協が知事の認可を受けて定めている漁業権行使規則と遊漁規則があります。

①漁業法
　国の法律です。漁場を総合的に利用することによって漁業を発展させることを目的に制定されました。漁業（採捕や養殖）を行う際の基本的な制度や事項が定められています。この法律の第8章「内水面漁業」に川や湖における漁業や遊漁のことが記されています。

②水産資源保護法
　漁業法と同じく国の法律です。水産資源の保護培養を図り、効果を維持することにより、漁業の発展に寄与するために制定されました。水産動植物に有害な物を捨てることや漏れ出させてしまうことおよび採捕に関する制限や禁止などが定められています。
　この法律に基づいて、水産動植物を守るために「保護水面」を設定することができます。群馬県の野反湖に流入するニシブタ沢は、イワナの保護培養のために保護水面に指定されています。

③水産業協同組合法
　国の法律です。漁民や水産加工業者の協同組織の発達を促進し、その経済的社会的地位の向上と水産業の生産力の増進とを図り、国民経済の発展を期するために制定されました。漁協の運営に関する内容や組合員資格などが定められています。

④内水面漁業調整規則
　都道府県が農林水産大臣の認可を受けて定める規則です。川や湖の水産資源の保護培養や漁業の取り締まり、調整を通して漁業秩序と漁場の高度利用を図るために、漁業法と水産資源保護法に基づいて制定されます。海のない県では漁業調整規則という名称にしている場合があります。禁漁期、禁漁区、体長制限、漁具漁法の制限・禁止などが定められており、違反した場合、罰則の適用があります。

⑤内水面漁場管理委員会指示

　漁業法に基づいて、内水面漁場管理委員会が都道府県の執行機関（いわゆる行政機関）として設置されています。この委員会は知事の監督に属します。内水面漁場管理委員会は、その都道府県内の内水面で漁業を営む者を代表すると認められる者（漁業者代表）、その都道府県内の内水面で水産動植物の採捕をする者を代表すると認められる者（釣り人代表）および学識経験がある者（学識経験者）の中から、知事が選任した原則10名で構成されています。

　この委員会が発動するのが内水面漁場管理委員会指示です。一般に、この指示は内水面漁業調整規則の緊急的・補完的な措置として発動されることが多いのです。ただし、それ自体には強制力がなく、知事の裏付け命令があってはじめて強制力が生じます。

⑥漁業権行使規則

　漁協の規則であり、組合員が漁場内で漁業権を行使できる範囲などの内容が定められています。制定や変更には知事の認可が必要です。

⑦遊漁規則

　漁協の規則です。漁業法の第129条に、「内水面における第五種共同漁業の免許を受けた者は、当該漁場の区域においてその組合員以外の者のする水産動植物の採捕（以下、「遊漁」という）について制限をしようとするときは、遊漁規則を定め、都道府県知事の認可を受けなければならない。」とあります。

　この第129条では、遊漁についての制限の範囲、遊漁料の額およびその納付の方法、遊漁承認証に関する事項、遊漁に際し守るべき事項、その他農林水産省令で定める事項などの規則の内容や手続きに関する規定が定められています。知事はその規定の内容の妥当性や釣り人に対する不当な制限（おもに漁業権行使規則や賦課金または行使料との比較）の有無などを勘案し、問題がなければ認可することとしています。

2 ● 規則などの違反者への罰則、対応の方法

[違反者に対する罰則]
①内水面漁業調整規則違反
　各都道府県の規則の規定に基づいて罰則や罰金が生じます。例えば、禁漁期や禁漁区、体長制限に違反すると、6月以下の懲役もしくは10万円以下の罰金、またはこれらの併科になります。漁獲物や漁具の没収も可能です。

②内水面漁場管理委員会指示違反
　指示に従わない者へ知事が裏付け命令（中止命令）を出し、それにも従わなかった時に罰則、罰金が生じます。

③遊漁規則違反（正しくは「遊漁規則違背」）
　違反者に対して、遊漁の中止を命じたり、以後の遊漁を拒絶することしかできません。ただし、後述のように、悪質な場合は「遊漁規則違反（違背）」ではなく、「漁業権の侵害」として告訴することができます。

[違反者への対応方法]
①内水面漁業調整規則違反
　すぐに逮捕の対象になります。ただし、順序としては、まず注意し、聞き入れない場合は警察へ通報して警察官と一緒に注意し、それでも聞き入れない場合に警察官が逮捕することになります。現行犯逮捕は警察官でなくてもできますが、警察官に任せるのが無難です。

②内水面漁場管理委員会指示違反
　すぐに逮捕の対象にはなりません。注意し、聞き入れない場合は警察官と一緒に注意し、それでも聞き入れない場合は裏付け命令（中止命令）を出すよう知事に求めます。知事が裏付け命令を出し、それに従わなかった場合に警察官が逮捕します。

③遊漁規則違反（違背）
　法的には「遊漁の中止と以後の拒絶」しかできないため、規則の遵守を強く求めます。しかし、注意しても聞き入れなかったり、度重なる場合は、「漁業権の侵害」として告訴する方法があります。「漁業権の侵害」は刑事事件であるため、警察や検察に出向いて告訴調書を作成します。それが受理された場合、警察には捜査する義務が生じ、検察には起訴・不起訴を判断する義務が生じます。民事事件のように被害者（ここでは漁協）が立証

責任を負うことはないし、弁護士に依頼する必要もありません。
④損害賠償請求
　内水面漁業調整規則違反、内水面漁場管理委員会指示違反、遊漁規則違反（違背）のいずれの場合も、民事訴訟により損害賠償請求が可能です。

　いずれの場合も、違反者の住所や氏名を聞き出したり、車のナンバーを控えておくと、あとの対応がしやすくなります。また、違反者への対応には警察の協力を得る場合が多いので、警察署や駐在所、交番との日頃からの連携が必要です。

3 ● 増殖義務の注意事項

　知事は免許を受けた者が増殖をする場合でなければ漁業権を設定できず、また、免許を受けた者が増殖を怠った場合は当該漁業権を取り消さなければならないことから、以下の注意事項が水産庁長官通知によって知事に示されています。

① 水産動植物の種類、増殖方法及び増殖規模等を内容とする増殖指針は、免許の可否の基準として、知事が別途公表することが望ましい。ただし、この指針は、免許する際の一応の基準なので、免許期間中、固定化して考えるべきものではないことを指導願いたい。
② 内水面漁場管理委員会は毎年その年度の目標増殖量等を各漁業権者に示し、かつ、委員会名でこの目標増殖量等を県公報で一括公示することが望ましい。また、必要に応じ、内水面の豊度に応じた放流のほか、産卵床の造成等繁殖のための施設の設置、堰堤によって遡上（そじょう）が妨げられている滞留稚魚を上流に汲み上げ再放流する等在来資源の遡上の確保等についても、効果が顕著であると認められる場合は、これらの組み合わせ等についても合わせて検討されたい。
③ 人工ふ化放流、稚魚又は親魚の放流に際しては、当該河川湖沼における在来種の保全に留意されたい。
④ 組合による増殖事業は内水面の水産資源の維持増大に大きな貢献をしているところであり、国民に広く知らしめるとともに、遊漁者の理解を得ることが重要であることから、増殖や漁場管理の内容を遊漁券の裏面を活用して公表するなど、積極的な情報開示を指導願いたい。

4 ● 内水面漁業調整規則における解禁期間、制限体長

表7　各都道府県の内水面漁業調整規則におけるイワナ、ヤマメ、アマゴ、ニジマスの解禁期間、

都道府県名	対象魚	釣って良い期間
北海道	ヤマメ（上川、空知、石狩、桧山、渡島、胆振支庁の河川）	6月1日から翌年3月31日まで
	ヤマメ（日高、十勝、釧路、根室、網走、宗谷、留萌支庁の河川）	7月1日から翌年4月30日まで
青森県	イワナ、ヤマメ、ニジマス	4月1日から9月30日まで
岩手県	イワナ、ヤマメ（スモルトを含む）	3月1日から9月30日まで
宮城県	イワナ、ヤマメ	3月1日から9月30日まで
秋田県	イワナ、ヤマメ	3月21日から9月20日まで
	ニジマス	周年
山形県	イワナ、ヤマメ	3月1日から9月30日まで
	ニジマス	周年
福島県	イワナ、ヤマメ（尾瀬沼および流入河川）	4月1日から9月14日まで
	イワナ、ヤマメ（上記以外）	4月1日から9月30日まで
茨城県	イワナ、ヤマメ、ニジマス	4月1日から9月30日まで
栃木県	イワナ、ヤマメ（箒川、鬼怒川および大谷川の一部、中禅寺湖および流入河川、西の湖および流入河川、大芦川の一部）	3月21日から9月19日まで
	イワナ、ヤマメ（上記以外）	3月1日から9月19日まで
群馬県	イワナ、ヤマメ	3月1日から9月20日まで
埼玉県	イワナ、ヤマメ	3月1日から9月30日まで
	ニジマス	周年
千葉県	ヤマメ、ニジマス	周年
東京都	イワナ、ヤマメ	3月1日から9月30日まで
	ニジマス	周年
神奈川県	イワナ、ヤマメ	3月1日から10月14日まで
	ニジマス	周年
新潟県	イワナ、ヤマメ、ニジマス	3月1日から9月30日まで
富山県	イワナ、ヤマメ、アマゴ、ニジマス	3月1日から9月30日まで
石川県	イワナ、ヤマメ	3月1日から9月30日まで
	アマゴ	4月1日から9月30日まで
福井県	イワナ、アマゴ	2月1日から9月30日まで
山梨県	イワナ、ヤマメ、アマゴ、ニジマス	3月1日から9月30日まで
長野県	イワナ、ヤマメ、アマゴ、ニジマス	2月16日から9月30日まで
岐阜県	イワナ、ヤマメ、アマゴ	2月1日から9月30日まで
静岡県	イワナ、ヤマメ、アマゴ（佐久間湖）	3月1日から10月31日まで
	イワナ、ヤマメ、アマゴ（上記以外）	
	ニジマス（佐久間湖）	周年
	ニジマス（上記以外）	

資料

制限体長など
(2008年現在)

捕って良い大きさ	水産試験場などの名称と電話番号	
制限なし	北海道立水産孵化場	0123-32-2135
全長15cmより大きいもの	青森県水産総合研究センター内水面研究所	0176-23-2405
全長13cmより大きいもの	岩手県内水面水産技術センター	0195-78-2047
全長15cmより大きいもの	宮城県内水面水産試験場	022-342-2051
全長15cmより大きいもの	秋田県農林水産技術センター 水産振興センター内水面利用部	0185-27-3003
全長15cmより大きいもの	山形県内水面水産試験場	0238-38-3214
全長15cmより大きいもの	福島県内水面水産試験場	0242-65-2011
全長15cmより大きいもの	茨城県内水面水産試験場	0299-55-0324
全長15cmより大きいもの	栃木県水産試験場	0287-98-2888
全長15cmより大きいもの	群馬県水産試験場	027-231-2803
全長15cmより大きいもの	埼玉県農林総合研究センター水産研究所	0480-61-0458
全長15cmより大きいもの	千葉水産総合研究センター内水面水産研究所	043-461-2288
全長12cmより大きいもの	東京都島しょ農林水産総合センター	03-3433-3251
全長12cmより大きいもの	神奈川県水産技術センター内水面試験場	042-763-2007
全長15cmより大きいもの	新潟県内水面水産試験場	0258-22-2101
全長15cmより大きいもの	富山県水産試験場	076-475-0036
全長15cmより大きいもの / 制限なし	石川県水産総合センター内水面水産センター	0761-78-3312
全長10cmより大きいもの	福井県内水面総合センター	0776-53-0232
全長15cmより大きいもの	山梨県水産技術センター	055-277-4758
全長15cmより大きいもの	長野県水産試験場	0263-62-2281
全長15cmより大きいもの	岐阜県河川環境研究所	0586-89-6351
全長15cmより大きいもの / 全長12cmより大きいもの / 全長15cmより大きいもの / 全長12cmより大きいもの	静岡県水産技術研究所富士養鱒場	0544-52-0311

都道府県名	対象魚	釣って良い期間
愛知県	アマゴ	2月1日から9月30日まで
	イワナ、ニジマス	周年
三重県	アマゴ（熊野川水系）	3月1日から9月30日まで
	アマゴ（上記以外）	
滋賀県	イワナ、アマゴ	12月1日から翌年9月30日まで
京都府	ヤマメ、アマゴ	3月1日から9月30日まで
	イワナ	3月16日から9月30日まで
	ニジマス	周年
大阪府	渓流魚について規定なし	−
兵庫県	イワナ、ヤマメ、アマゴ	3月1日から9月30日まで
奈良県	イワナ、ヤマメ、アマゴ	3月1日から9月30日まで
和歌山県	アマゴ	3月1日から9月30日まで
	ニジマス（熊野川水系）	
	ニジマス（上記以外）	周年
鳥取県	イワナ、ヤマメ、アマゴ、ニジマス	3月1日から9月30日まで
島根県	イワナ	3月1日から8月31日まで
	ヤマメ、アマゴ、ニジマス	
岡山県	ヤマメ、アマゴ	3月1日から8月31日まで
広島県	イワナ、ヤマメ、アマゴ	3月1日から8月31日まで
山口県	イワナ、ヤマメ	3月1日から8月31日まで
徳島県	アマゴ	1月1日から9月30日まで
	ニジマス	3月1日から9月30日まで
香川県	渓流魚について規定なし	−
愛媛県	アマゴ、ニジマス	2月1日から9月30日まで
高知県	イワナ、アマゴ、ニジマス（吉野川水系中野川川および白猪谷）	2月16日から11月30日まで
	イワナ、アマゴ、ニジマス（上記2河川、吉野川の一部および物部川の一部以外）	3月1日から9月30日まで
福岡県	ヤマメ	1月1日から9月30日まで
佐賀県	ヤマメ	2月1日から9月30日まで
長崎県	渓流魚について規定なし	−
熊本県	ヤマメ、アマゴ	3月1日から9月30日まで
大分県	ヤマメ、アマゴ	3月1日から9月30日まで
宮崎県	ヤマメ	3月1日から9月30日まで
	ニジマス	4月1日から翌年1月31日まで
鹿児島県	ヤマメ	1月1日から9月30日まで
沖縄県	渓流魚未生息	−

資料

捕って良い大きさ	水産試験場などの名称と電話番号	
全長 15 cmより大きいもの	愛知県水産試験場内水面漁業研究所	0563-72-7643
全長 10 cmより大きいもの	三重県水産研究所鈴鹿水産研究室	059-386-0163
全長 12 cmより大きいもの		
全長 12 cmより大きいもの	滋賀県水産試験場	0749-28-1611
全長 12 cmより大きいもの	京都府立海洋センター	0772-25-0129
全長 15 cmより大きいもの		
－	大阪府環境農林水産総合研究所水産研究部水産技術センター	072-495-5252
全長 12 cmより大きいもの	兵庫県立農林水産技術総合センター内水面漁業センター	079-678-1701
全長 10 cmより大きいもの	奈良県農林部農業水産振興課水産振興グループ	0742-27-7409
全長 10 cmより大きいもの	和歌山県農林水産総合技術センター水産試験場	0735-62-0940
全長 15 cmより大きいもの	鳥取県水産試験場	0859-45-1500
全長 18 cmより大きいもの	島根県水産技術センター内水面浅海部内水面グループ	0853-63-5101
全長 15 cmより大きいもの		
全長 15 cmより大きいもの	岡山県水産試験場	0869-34-3074
全長 15 cmより大きいもの	広島県立総合技術研究所水産海洋技術センター	0823-51-2171
全長 15 cmより大きいもの	山口県水産研究センター	0837-26-0711
全長 10 cmより大きいもの	徳島県立農林水産総合技術支援センター水産研究所	088-688-0555
全長 15 cmより大きいもの		
－	香川県水産試験場	087-843-6511
全長 15 cmより大きいもの	愛媛県農林水産研究所水産研究センター	0895-29-0236
全長 10 cmより大きいもの	高知県内水面漁業センター	0887-52-4231
制限なし	福岡県水産海洋技術センター内水面研究所	0946-52-3218
全長 15 cmより大きいもの	佐賀県有明水産振興センター	0952-66-2000
－	長崎県総合水産試験場	095-850-6293
制限なし	熊本県水産研究センター	0964-56-5111
制限なし	大分県農林水産研究センター水産試験場内水面研究所	0978-44-0329
全長 15 cmより大きいもの	宮崎水産試験場生物利用部小林分場	0954-23-9200
制限なし	鹿児島県水産技術開発センター	0993-27-9200
－	－	－

131

監修　渓流域管理体制構築事業放流マニュアル作成検討委員会

座長：丸山　隆（東京海洋大学）
委員：桐生　透（山梨県水産技術センター）
　　　小堀彰彦（全国養鱒振興協会）
　　　佐藤成史（フィッシングライター）
　　　玉置泰司（独立行政法人水産総合研究センター中央水産研究所水産経済部）
　　　徳田幸憲（高原川漁業協同組合）

（委員はアイウエオ順。所属は事業実施当時）

編集

中村智幸（なかむら　ともゆき）
1963年（昭和38年）長野県生まれ。
1999年東京水産大学大学院博士後期課程修了、水産学博士。
栃木県水産試験場を経て、現在、独立行政法人水産総合研究センター中央水産研究所内水面研究部 主任研究員
［著書］
『イワナをもっと増やしたい！』フライの雑誌社
［共著書］『魚類環　境生態学入門』東海大学出版会、『魚から見た水環境』信山社サイテック、『希少淡水魚の現在と未来』信山社、『水田生態工学入門』社団法人農山漁村文化協会、『水産大百科事典』朝倉書店

飯田　遥（いいだ　はるか）
1944年（昭和19年）東京都生まれ。
1967年東京理科大学理学部卒業、水産学博士（北海道大学）。
独立行政法人水産総合研究センターを経て、現在、全国内水面漁業協同組合連合会 技術顧問
［共著書］
『水産大百科事典』朝倉書店、『オールフォト食材図鑑』社団法人全国調理師養成施設協会、『水産物のにおい』恒星社厚生閣、『五訂増補・日本食品標準成分表分析マニュアル』独立行政法人国立印刷局

執筆　　　　　　　　　　（アイウエオ順。所属は執筆時。監修・編集者も一部執筆）

飯田　遥（全国内水面漁業協同組合連合会）
大浜秀規（山梨県水産技術センター）
加地弘一（山梨県水産技術センター）
加藤憲司（東京都島しょ農林水産総合センター）
木本圭輔（大分県農林水産研究センター内水面研究所）
桐生　透（山梨県水産技術センター）
久下敏宏（群馬県水産試験場）
久保田仁志（栃木県水産試験場）
桑田知宣（岐阜県河川環境研究所）
小原昌和（長野県水産試験場）
小堀彰彦（全国養鱒振興協会）
佐藤成史（フィッシングライター）
沢田守伸（栃木県水産試験場）
武居　薫（長野県水産試験場）
玉置泰司（独立行政法人水産総合研究センター中央水産研究所水産経済部）
坪井潤一（山梨県水産技術センター）
土居隆秀（栃木県水産試験場）
德原哲也（岐阜県河川環境研究所）
中村智幸（独立行政法人水産総合研究センター中央水産研究所内水面研究部）
丸山　隆（東京海洋大学）

水産総合研究センター叢書

守る・増やす 渓流魚
イワナとヤマメの保全・増殖・釣り場作り
Conservation and enhancement of charr and salmon in Japanese mountain streams

2009 年 4 月 1 日　第 1 刷発行

監修　渓流域管理体制構築事業放流マニュアル作成検討委員会
編著　中村智幸　飯田 遥

発行所　社団法人　農山漁村文化協会
郵便番号　107-8668　東京都港区赤坂 7 丁目 6-1
電話　03（3585）1141（営業）　　03（3585）1147（編集）
FAX　03（3589）1387　　　　振替　00120-3-144478
URL　http://www.ruralnet.or.jp/

ISBN978-4-540-08260-3
Ⓒ 独立行政法人　水産総合研究センター
Printed in Japan

DTP 制作 /　條　克己
印刷 /（株）光陽メディア
製本 /　根本製本（株）
定価はカバーに表示

乱丁・落丁本はお取り替えいたします。

農文協の図書案内

山漁　渓流魚と人の自然誌
　　　鈴野藤夫著　　　　　　　　　　　　　　4,857円＋税

移殖放流、伝統釣法、食法等にみる、山住みの人々＝マタギ、木こり、木地師、職漁、炭焼らと魚との交流史。日本列島地域社会の深層に潜む、そのダイナミックな関係性を掘り起こした労作。

人間選書009
川と人間
　　　伊藤章雄著　　　　　　　　　　　　　　1,143円＋税

川は生まれ地としてのふるさとをすてるために流れ、死地としての新たなるふるさとを見出すために流れる。北上川、最上川、多摩川……の個性に即しながら人生を考えるエッセイ集。

人間選書218
システム森―川―海
　　　長崎福三著　　　　　　　　　　　　　　1,857円＋税

森が病めば海も病む。漁民による植林活動など、近年見直されてきた海と森の結びつきを実証的に解明し、流域の住民が森・川・海を一体のものとして管理と利用する新しい資源・環境のシステムの方向を大胆に提言する。

写真ものがたり●昭和の暮らし5
川と湖沼
　　　須藤　功著　　　　　　　　　　　　　　5,000円＋税

水を活かし水害を防ぐ知恵と技。田畑を潤し、山と町を筏や川舟で結び、漁に励んだ日々の記録：川を往き交う人と船／流れる水のうつろい／暮らしのある水辺／清流が育む川の幸／湖沼の魚介と水草

自然の中の人間シリーズ●川と人間編
川にすむ生き物たち
　　　森下郁子著／川上洋一絵　　　　　　　　2,000円＋税

上流、下流、きれいな川、汚れた川、それぞれに住む生き物はその川の個性と環境を知る貴重な手がかり。その個性と環境に合わせた生き物の〈すみわけ〉を知り、川をきれいに、豊かにする視点と方法を平易に示す。